시인 고경자

하이에나의 식사법

고경자 시집

시와사람

국립중앙도서관 출판시도서목록(CIP)

하이에나의 식사법 : 고경자 시집 / 지은이: 고경자. --
광주 : 시와사람, 2015
    p. ;   cm. -- (시와사람 서정시선 ; 043)

한국문화예술위원회 · 광주문화재단의 문예진흥기금 일부
를 지원받아 발간되었음
ISBN 978-89-5665-437-9 03810 : ₩10000

811.7-KDC6
895.715-DDC23   CIP2015028803

하이에나의 식사법

■ 시인의 말

  한 권의 시집을 내기까지 10년이라는 시간이 걸렸습니다. 길은 직선만이 아니듯 구부러진 길을 돌고 돌아 이제야 도착했습니다.
  처음 시 공부를 하겠다고 대학원에 다니던 때를 생각하면 그때 무슨 생각으로 그런 결정을 했는지 놀랍기만 합니다. 그리고 몇 년 뒤 간절히 바라던 등단을 하게 되었습니다.
  강경호 선생님으로부터 전화를 받았던 그 때가 아직도 생생하게 생각납니다. 잠결에 전화를 받았던 터라 통화가 끝난 후에도 등단 사실을 믿을 수 없습니다. 그때부터 시에 대한 열망이 간절해졌고 시를 더욱 잘 쓰고 싶은 욕심이 생겼습니다. 그런데 시가 마음만 가지고 잘 써지는 것이 아니라는 사실도 알게 되었고, 모든 일이 그렇듯 투자한 시간만큼 결실을 맺는다는 단순한 진리를 새삼 깨닫게 되었습니다. 한 편을 쓰더라도 가슴에 남는 시를 쓰고 싶습니다.

처음 시를 쓰게 격려해 주신 이은봉 교수님께 깊은 감사를 드리고 이 시집이 나오기까지 수고해주신 《시와사람》 관계자분들께도 깊은 감사를 드립니다.
　보잘 것 없는 재능이나마 대견해주시고 격려해준 우리 엄마와 옆에서 묵묵히 지켜봐준 가족들에게도 감사를 드리고 싶습니다.
　이 시집을 통해 저에게 재능을 주신 하나님께 영광을 돌리고 싶습니다.

2015년 10월
고경자

차례

■ 시인의 말

1 하이에나의 식사법

14 하이에나의 식사법
16 슬몃슬몃, 상처들
18 겨울아침
20 2월, 오전 아홉 시
22 봄비
24 영랑 생가에서
25 오래된 기억들
26 푸른색 대문
28 변검술사
29 자동문
30 사과
32 축제의 밤
34 풍경화
36 비
37 그들의 행복
38 여행자의 하루

날아간 두 개의 화살표는 2

날아간 두 개의 화살표는 42
가을, 오후 여섯 시 44
늘 푸른 하우스 46
인맥 구두세탁소와 소문난 튀김집 48
영화아파트 51
숲 52
마량포의 봄 54
역습 56
골목길 58
낡은 지붕 이야기 60
민달팽이, 할머니 62
집 밖의 남자 64
겨울나기 66
떠나는 혹은 떠나보낸 68
세 개의 고리 70

3 울컥

72 울컥
73 밤의 스케치
74 또 하나의 계절
75 첫눈
76 아버지
78 화이트크리스마스
80 그리움
81 불혹 지나고
82 허기
83 비가 오는 날이면
84 겨울 아침 출근길
86 양동시장에서
88 노란 울음들
90 난청
92 기차
94 시
95 슬픔의 시작

마흔을 넘다 4

마흔을 넘다　98
눈 내리는 새벽　100
커다란 철가방을 타다　102
그녀의 핸드폰 사용법　104
검은 영혼의 노래　106
이브의 유혹　108
고장난 시간 속에서　109
플루트, 들리지 않던 그녀의 목소리　110
바닥　112
뒷산　114
늦은 귀가　115
7월의 구름　116
31번 버스　117
분홍색 구두　118
겨울이야기　120
흑백사진　122

|해설|

123   오후 6시의 산책로, 그 사소한 일상의 '감각 지도'
     /박성현

1

하이에나의 식사법

하이에나의 식사법

하이에나를 깨우는 것은
지난밤의 배고픔이다.
먹어도 배부르지 않는 위장의 내력은
먼 조상으로부터 내려온 그들의 전설일 것이다.

배고픔을 깨우는 소리,
쿵!
쾅!
일상을 도려내는 금속의 소리이다.
소리는 그 놈들의 본능을 끄집어내
엑셀을 밟게 한다.
움직이는 어떤 것보다 빠르게
목표물을 향해 날카로운 눈빛으로 질주하고 있다.

두 개의 별이 충돌하고
운석은 지구로 떨어진다.
운석에서 발사되는 주파수가
그 놈들을 안내하고 있다.
작은 은하계의 시작점인 사거리에서

그들의 식사가 시작된다.
한 번에 몸통을 삼키는 뱀처럼
재빠르고 탐욕스럽게
하루에 한 번 식사로 족하다.
아니다. 그 놈들에게 식사는
언제나 찾아오는 일상의 행복이
전설은 배고픈 이들에게
과거의 양식이었고
현재의 양식이고
내일의 양식이 될 것이다.

또 다른 소리를 찾아 헤매는
하이에나의 낮은 짧고
밤은 그들의 배고픔만큼 길다.

슬멋슬멋, 상처들

 3번 수술실에 들어가는 동안 여자는 다른 수술실의 소리를 들었죠. 침묵 속 소리들은 더 크게 들려요. 가끔씩 침묵이 무서울 때가 있죠. 수술실 침대에 누워 그들의 사소하고 지루한 얘기를 듣고 있어요. 하나의 생각이 연기처럼 몽글몽글 피어오르죠. 직사각형의 섬에서 내가 할 수 있는 일은 누워 있는 일이에요.

 그녀가 내 가슴을 조심스럽게 기계위에 놓고 그 안에 무언가를 발견할 기세로 누르고 있어요. 수유를 안 하셨나 봐요? 그녀의 물음에 여자는 잠시 두 살배기 아이를 머릿속을 떠올리죠. 이제 낯선 남자 앞에서 가슴을 보이는 일은 당혹스런 일은 아니에요.

 한 남자가 들어오자 수술실의 소리들이 분주히 움직이기 시작했어요. 일정량의 마취제가 감각을 마비시킬 동안 살이 타는 냄새에 수술실이 잠시 흔들려요. 바늘이 여자의 동그란 시간을 꿰매고 가위는 시간의 흔적을 잘라버리죠. 모든 동작이 멈춰지고 또다시 그들의 얘기를 듣고 있어요.

〉

 새로운 상처는 내부 반란을 잠재우기 위해 사투중이죠. 치료약에는 시간과 비례하는 막대그래프를 동봉해요. 여자의 가슴에 처음 새겨진 검은 장미무늬가 어머니의 무너진 오두막집을 자꾸 떠올리게 하죠. 오두막집은 외할머니의 검은 집 속, 하얀 국화꽃을 자꾸 쓰러지게 해요.

겨울아침

더디 오는 겨울 아침을
한 남자가 재촉하듯
골목 비질하는 소리 요란하다.
알람은 그녀의 아침을 위해
바쁘게 울어대지만
여자는 깊은 잠 속에서 듣지 못한다.

골목길 오른쪽에는 작은 우물이 있고
우물 옆에는 그 동네에서
제일 맛있는 감이 열리는 나무가 있었다.
골목길보다 낮은 집은
장마를 무서워했다.
한 번 쏟아진 물은
자신의 무게를 이겨내지 못해
전진만을 강요했다.
그 무게에 오래된 집은
시간 속에서 낡아진 헌 옷을 버리고
높아진 마당과 새 옷으로 갈아입었다.
눈이 내린 겨울 아침,

화장실과 대문 밑 계단에
하얀 길이 나있었다.
일 년 세 계절은 객지 생활로
얼굴을 볼 수 없던 아버지가
눈사람으로 돌아오셨다.

눈 내린 겨울 아침,
골목 비질하는 소리로
잠이 깬 여자의 눈매가 그윽하다.

2월, 오전 아홉 시

가만가만 불어오는
2월 바람 끝,
모든 계절의 끝자락은
터널 속처럼 어둡다.

모든 떨어지는 것들은
어제의 얼굴을 버리고
새 얼굴을 하고 있다.
지난 밤, 하얀 송곳 같은 추위가
키 작은 풀들 위에
키 큰 억새 위에
입김보다 깊은 흰 모자를 선물했다.

아침 아홉 시,
사람들의 발소리는 들리지 않고
살얼음이 언 강 속에는
하얀 물살이 갇혀있다.
조금씩 풀어지는 강물에
차가운 발길질을 해대는

두 마리의 물오리들,
강물에 회오리를 만들며
얕은 잠수로 순간 이동한다.

노란 복수초가 재잘거리듯 피어나
바람과 왈츠를 추고 있다.

봄비

봄이라는 글자 하나가
차가운 바람에 붙어 있지 못하고
비가 되어 떨어진다.
땅위에,
도로위에
수채화 그리고 있다.
바람은 멀리서 관람객처럼
봄을 관찰중이다.

진료시간은 오후 2시,
봄비는 무게를 늘려
우산위에서 툭툭 떨어져 곡예를 한다.
주차장에서 병원입구까지
우산을 가지지 못한
사람들의 발걸음 소란스럽다.

내과 외래에는 TV를 보거나
순서를 기다리는 사람들의 무표정한 얼굴이
간호사의 목소리에 집중할 뿐이다.

사람들이 앉지 못한 의자에는
어디서나 볼 수 있는 우울이라는 놈,
진료를 받기 위해 기다리고 있다.
채혈을 하고 초음파를 찍고
또 다시 기다린다.
우울은 그동안 먹었던 약을
더 이상 먹지 않아도 된다는
의사의 말을 들었다.

아직 봄비, 그치지 않고
사람들은 병원을 떠나고 있다.
우울도 이제 저 봄비 속으로
들어가고 싶은 소망을 속삭여본다.

영랑 생가에서

 사립문 활짝 열린 영랑생가에는 봄 햇살이 돌담에서 바르르 떨고 있다. 눈앞에 보이는 모든 것들이 마음이요 마음이 시로 된 시비에 그의 모습이 어른거린다. 뒤뜰 한가운데 찬란한 세월만큼 늘어진 동백가지가 꽃망울 피우기 위해 분주하다. 겨우 눈만 뜬 한 무리의 모란은 봄을 기다리는 아낙네의 뒷모습처럼 술렁인다. 그의 반듯한 마음처럼 길고 푸른 대나무들이 생가를 지키듯 방문객을 접대하고 있다. 초가집 한 채 뿐이라고 말하던 생가 입구에는 영랑의 시들이 한 송이 꽃으로 피어나고 한 마리 나비처럼 날아오르고 있다.

오래된 기억들

태풍을 이겨낸 은행나무에서
은행들이 후두두 떨어진다.
도로에 고약한 냄새가 그들의 말처럼 퍼진다.
인도에서 여자들이 고약한 말들을
하나라도 더 줍기 위해 분주하다.
주운 말들이 브로치처럼 여자를 장식한다.
여자가 주운 말들이 집에 들어와 톡톡 터진다.
말들은 더 고약한 냄새를 풍기고 있다.
말을 감싸고 있던 창백한 위선이
초록의 알맹이를 기적의 알약이라고 일러준다.
무성한 기적들이 시장에서 값싼 가격에 거래되고
사람들은 알약을 사면
모든 소원이 이루어질 거라 굳게 믿기 시작한다.
가을보다 더 깊어진 바람에 떨어지는
노오란 은행잎 무덤들과
하늘로 올라가려는 은행잎의 비행이
충돌하는 지점에서 오래된 소문은
구름처럼 모양을 바꾸려고 수작을 부리고 있다.
낡은 책 속에서 우연히 발견된 편지 같은 은행잎,
오래된 기억들이 빼곡히 적혀있다.

푸른색 대문

푸른색 대문은 막힌 골목에
전봇대처럼 서 있었다.
한낮의 소란함은 대문 밖에서 굴절되었고
시간은 바람처럼 빈 집이었다가
필요한 순간에는 과녁을 뚫는 화살이었다.
타인의 생각들이 목발로 되돌아온 순간,
세상은 소리대신 침묵을 강요했다.
그때부터 거미줄에 포위된 침묵,
앙상한 다리를 바라보는 심장은
그대로 대문에 박히고 말았다.
대문은 누군가의 강요가 아닌
자신의 의지로 열릴 준비를 하고 있었다.
골목 어귀, 낯선 사람들의 목소리에
얼었던 심장이 뛰기 시작했다.
그들이 대문을 두드리자, 거미줄 같은
검은 빗장이 가슴을 열었다.
살가운 냄새가 그들의 발소리에 묻어 들어온다.
그들에게 하소연하고 있는 남자의 목소리가 떨리고 있다.
침묵은 수 십 겹의 높이를 던져버리고

낮게 깔린 쾌쾌한 냄새, 하나씩 분해(分解)되고 있다.
오랜 시간 빈 집이었던 시린 발목은
말이라는 점토로 새살이 올라오고 있다.
마당에서 말을 잃어버린 감나무가
바람에 까르르 웃음을 터트린다.
푸른색 대문은 담쟁이넝쿨 같은 눈으로
한 낮의 소란함에 끼어든다.

변검술사
- 감정의 가면

　그 놈의 진짜 모습을 본 사람은 없어. 물처럼 형태가 없고 바람처럼 냄새도 없어. 꽃씨처럼 바람의 날개를 타고 땅에 닿기만 하면 좁은 땅에서도 제 궁전을 지어버리지. 봄바람처럼 불었다가 차가운 꽃샘추위로 사람들을 놀라게 하지. 그 놈을 가까이 해 본 사람은 누구나 알고 있지 화산처럼 폭발하는 그 순간의 힘이 모든 것을 파괴할 수도 창조할 수도 있다는 것을. 그 놈은 밤의 제왕이라 불리지. 어둠은 그 놈이 가질 수 있는 가면의 하나야. 화려한 조명 아래에서 더욱 빛을 발하지. 그놈에게 당하지 않으려면 몇 가지 유의사항이 있어. 너무 가까이 다가가지 말 것. 그 놈의 말을 너무 믿지 말 것. 그 놈이 주는 선물을 받지 말 것. 그 놈은 이용할 사람을 찾기 위해 수많은 가면을 쓰고 있다는 것을 명심해.

자동문

비어있는 혈관 속에 붉은 혈액처럼
그들이 들어가고 있어
터벅터벅 발소리에
네 심장은 쿵쿵 울리고
몸을 따듯해지고 있지
두 개의 손을 가졌으나 안을 수 없고
두 개의 발을 가졌으나 걸을 수 없어
햇빛을 기다리고
더러는 바람을 기다리다
가끔, 저혈당으로 쓰러지는 날에는
잃어버린 날개를 찾기도 하지
갱년기에 접어든 여자처럼
아무 때나 얼굴 붉히고
그들의 길어진 그림자에도
신경초처럼 몸을 움츠리고 있지
그들은 채울 수 없는 허기 때문에
네가 자꾸 요실금이 생긴다고 하지
그 허기 때문에 네가 아직
여기에 있다는 걸 알고 있을까

사과

사람들에게는 각자 맞는 위치가 있어
넌 내 옆쪽보다는
그래, 거기야
슬쩍 쳐다보면 안 보이는 곳
유심히 바라봐야 거기에 네가 있다는 것을
알 수 있는 거기
이제는 네 뒤통수만 봐도 쉽게 너라는 것을 알 수 있어

보이는 것만이 전부가 아닌 사진과도 같은 세상에서
언제나 웃고 있는 네가 싫을 때가
일 년 중 며칠일까 세어봐
오늘도 네 옆을 서성이고 있어
한동안 너를 볼 때마다 느낀 그 불편한 마음의 출발이
어디에서 왔을까 고민했어
사람들은 그것을 유혹이라 부르고
난 그것을 사과라고 불러

사과는 매일 냉장고 속에서 말라가고 있어
그녀가 해독주스에 넣기 전까지

젊고 싱싱한 초록의 시간이 지나고
관능의 시간이 붉은 색깔로 다가왔어
저 붉은 노을처럼
거실에 바른 새빨간 벽지처럼
시간을 장식하면서 낯설고 익숙한 눈빛으로
앎의 세계가 전부가 아님을 아는 사람들에게는
사과는 그냥 빨간 사과가 아닐거야

축제의 밤

해가 지지 않는 여름 밤, 축제가 계속되고
길 잃은 여행객들은 거리를 배회한다.

수 백 개의 전등들과
수 백 개의 발자국들과
수 백 개의 추억들이 불타오른다.

거리의 악사들은 노래와 연주를 하고 음악에 춤추는 사람들, 어쩌면 그 노래에 내 영혼마저 자유를 얻게 될 것 같은 축제의 밤, 타국에서 온 낯선 남자의 입에서 내 이름이 낯익게 들려오고 남자의 긴 눈썹에서 한 편의 시가 팔랑거린다.

도시 한 가운데에서 쏘아 올리는 불꽃놀이에
깊은 도시의 어둠이 달아나고
소리에 놀란 사람들은 거리 악사들의 긴 행렬을 바라본다.
천일야화처럼 긴 축제의 밤이 저물고
낮같은 어둠이 찾아올 때 집시의 피가 내 안을 흔들어대고 익숙해져버린 나를 꺼내놓고 떠나야한다.
화려한 축제가 끝난 거리를 밤새 걸어
밤과 새벽의 터널 그 어디쯤에 있을,
보름달 같은 환한 시간의 문 앞에 도달해야 한다.
밤하늘 차가운 달빛이 거리를 밝히고
언젠가 돌아올 시간은 빈 칸처럼 남겨진다.
축제를 따라 집을 나선 한 여자의 이야기는
풍문으로만 떠돌다 사라질 것이다.

풍경화

아침 여덟시 사십분
어제의 시간을 옹골지게 지고 간
근무자들의 미소가 수채화처럼 번지고
오늘의 시간을 유화처럼 그려갈 사람들의
다부진 어깨가 푸른 바다 같은 시간
어제 근무일지에는
누군가의 인생의 단면,
끊어진 사슬의 한 조각을 찾으려는
시작점이 기록되어 있다.
길을 잃어버린 희망이 막다른 골목길을 빠져나오고
잊었던 소중한 시간들이 어스름한 새벽녘,
별처럼 푸른 등하나 달고 있다.
어제를 산 사람들의 평범한 일상이
축복이 되는 오늘의 시간 앞에서
근무교대가 이루어진다.

차고 밖, 우렁찬 피아노 행진곡이 햇살을 튕겨내고
부르릉 요란한 장비들 시동 거는 소리와
사이렌 소리들이 하루를 준비하고 있다.

자욱한 연기 속에서
오늘의 안녕을 준비하는 바쁜 시간들이
모래시계 속으로 조금씩 흘러들어가고 있다.

비

하루 종일 비가 내렸어
빛들은 길을 잃었고
길은 목적을 잃었지
저 빗소리에 내가 울어도
소리는 직선으로 떨어지고
기억은 둥근 파형으로 춤추고 있어

너 지금 어디야?
지금 빗속에 서 있어
우산은 내 발만 씌워져있지만
난 비에 젖지 않아

비가 하루 종일 내리고
네가 기억하는 그 비가
본래의 모습을 버리고 사라져도
내가 기다리는 비는 오늘도 멈추지 않아
계절의 끝, 그 어디에서도
비는 멈추지 않고 내리고 있어
낡은 달의 오래된 기억들처럼
끝이 없을 것 같은 이야기들처럼

그들의 행복

여자가 누워 지낼 시간동안 남자는 말없이 웃고 있었다.
집 밖의 시간을 하루도 잊는 법 없이
말이 사라질까 두려워 여자는 희미하게 웃었고
남자는 여자의 미소를 떨어뜨리지 않으려고 품속에 넣었다.
계절과 바람,
햇볕과 빗소리들이
피아노 협주곡을 연주하고 있을 시간동안
여자는 어제와 같은 행복을 말하고
남자는 여자의 행복을 구체적인 오늘로 말한다.
잠깐의 외출이 시간처럼 바퀴를 구르게 하고
돌아오면 세상은 바람처럼 멀리 돌아서 있었다.
누군가 무엇 때문에 이렇게 사느냐고 물어온다면
그는 버려진 한 사람의 양심 때문에
와병생활이 시작되었다고 말하겠지요
그녀는 눈물만 흘리겠지만
그는 원망은 다 지난 이야기라며
오늘의 시간을 이야기하겠지요
행복은 그가 그녀를 바라보는 눈에서
그녀가 고백하는 모든 말 속에 있었다.

여행자의 하루

떠나기 어려운
돌아오기 더 어려운
여행자의 하루가 저문다.
밤하늘별을 데우는 야자수 잎들 사이로
사랑이라는 열매 떨어진다.

따이섬 어린 마부들이 정상으로 올라갈 때와 내려올 때마다
피곤하다는 말 속에 하루 세 끼 밥그릇이 있다.
바닥이 닳아버린 슬리퍼 때문에 내려올 때는
자꾸 미끄러졌고 그때마다 말의 무릎도 꺾이곤 했다.
줄지어 서서 대기하던 젊은 여자 맛사지사는
배가 고파 틈 날 때마다 과자를 몰래 먹었고
야문 손끝에는 아이들의 함박웃음이 달려 있었다.

바다 건너 파란 꿈을 꾸는 젊은이들과 기다리는 가족들,
연말이면 배웅 나온 사람들로 공항은 바쁘다.
우기에 접어든 양철 지붕아래에서도
옥수수처럼 쑥쑥 잘 크는 아이들의 행복은
뜨거운 태양아래에서 진주처럼 빛나고 있다.

〉
여행자의 하루는
풍경과 사람의 방정식에서
x와 y의 값을 찾는 것,
눈물 한 줌 몰래 훔치고 그들을 이해하는 것이다.
희망은 거슬러 올라가는 사공의 힘찬 노젓기처럼
앞으로 나아가는 것이다.

2

날아간 두 개의 화살표는

날아간 두 개의 화살표는

모든 문은
열리는 것을 기다리는 두 개의 화살표이다.
화살표는 남광주 시장 입구,
신호등처럼 마주 서 있다.

시장 이정표처럼 늘어선 빨간 고무 다라이들,
푸른 바다가 사람들 사이를 헤집고 들어와
할머니의 고무 다라이 속에 불시착해 있다.
꽃게만이 좁은 다라이에서 빠져 나오려고
뾰족한 집게로 사다리를 오르고 있다.

시장 맞은편 건물, 문이 열리고
한 청년이 당당하게 들어오고 있다.
그보다 먼저 들어온 생을 파괴하는 냄새가
갈 곳을 찾지 못해 서성거리고
무표정한 얼굴들이 던지는 질문들이
물음표로 왔다가 마침표로 되돌아가고 있다.

〉
아침, 뜨거운 햇볕에
사다리를 올라가지 못한 꽃게가
닫혀버린 문 앞에서
징검돌처럼 누워 있다.

그에게서 떨어진 화살표는
높은 도에서 두 옥타브 낮은 도를 향해
반음씩 내려와 병실 침대처럼 누워
사람들을 유심히 쳐다보고 있다.

사람들이 버린 생선 비린내 같은
삶의 화살표들이 언제라도 정지해 버릴 것 같은
도시의 밤을 지키기 위해
남광주시장 입구,
응급실처럼 잠들지 못하고 있다.

가을, 오후 여섯 시

노루 빛 가을 햇살이
바람에 쉬어가는 시간,
오후 여섯 시

바람은
퇴근길 사람들을 거리에서 내몰고
장터 사람들을 들뜬 목소리로 불러내고
전어 냄새와 대하 냄새를
제 자신의 냄새인양
마구 뿜어대고 있다.
가을 냄새에 집으로 돌아가는
사람들의 발걸음 가볍다.

출렁일 듯 너울대는
천변의 얕은 물살에
잠시, 자신의 몸을 싣고
떠다니는 저녁노을이 눈부시다.
바람에 숙일 듯 흩어지는
갈대들의 앙상한 뼈마디가

오래된 철교 위에서
금방이라도 부러질 것 같다.
이제 막 고개를 숙이고 있는
해처럼 경건해지는 시간
가을, 오후 여섯 시
돌아가는 모든 것들이
제 옆구리에 가을 냄새를 달고 있다.

늘 푸른 하우스

주택가 골목길 모퉁이에
정체모를, 식당이름 같기도 한
집 한 채 있다.

아침 출근길, 사람들의 시선이
늘 푸른 하우스 앞에 서 있는
구급차에서 떨어지지 않는다.
어둠을 건져내는 프로메테우스의 불처럼
주택가 골목길에 황색등처럼 켜져 있다.

낯선 것과 낯익은 것의 구별법은
늘 푸른 하우스 사람들에게는
평온한 일상과 맞닿아 있는
유리의 뒷면, 햇볕을 잃어버린
나무의 그늘 같은 것이다.
밤새 안녕이라는 말이
다른 어떤 말보다 반가운,
시간을 역행하는 사람들에게

사소한 일상이 축복으로 여겨지는
아침이 햇살에 반짝인다.

시간이 잠시 멈춰져 있는
혹은 너무 빨리 가 버리는
늘 푸른 하우스,
간간이 등장하는 구급차로
주택가 골목길에
빨간 신호등 하나 켜져 있다.

인맥 구두세탁소와 소문난 튀김집

구름다리 끝, 횡단보도 시작점인
인도에 인맥 구두세탁소 있다.
화석 같은 낡은 발자국을 들여다보며
구두에 관한 모든 것을 수선해주는,
아침 9시면 어김없이 아저씨의
문 여는 소리로 시작하는 하루가 있다.
그 옆에 소문난 튀김집 있다.
아침 9시면 아저씨는 불편한 몸으로
몸이 덜 불편한 아주머니보다
먼저 나와 장사준비를 하는,
이 동네에서는 제일 맛있는 튀김집,
뒤늦게 나온 아주머니의 기름 달구는 소리로
시작하는 하루가 있다.

버스에서 내린 손님들은
튀김집을 먼저 들러 집으로 가지만
구두세탁소를 먼저 들르는 법은 없다.
단골들은 세상에 버려진 얘기를
담아오는 손님들이다.

소문난 튀김집의 단골은
맛있는 얘기를 쏟아내는 사람들이다.
가끔씩 뻥튀기 아저씨가 튀밥을 튀기는 날이면
냄새들의 불협화음 삼중주를 들을 수 있다.

인맥 구두세탁소는 날씨에 상관없이
언제든 술판 벌어진다.
인맥 구두세탁소 지인들이
소주 한 병과 안주로 세상의 소문과 억측을
그들의 기준으로 분석하고
시끄러운 육두문자가 소문을 제압하면
묵시적으로 영업이 끝나는 표시이다.
온종일 앉아만 있는 컨테이너 박스는
아저씨의 붉어진 얼굴에서
흥겨운 노래 한 가락 듣고 하루를 마감한다.
금요시장이 열리는 날이 아니면
소문난 튀김집에는 손님들의 웃는 소리와
튀김냄새가 시계 초침처럼 또각또각 소리를 내고 있다.
밤9시, 합죽이가 된 포장마차는

돌아가는 그들의 뒷모습에서
조용한 발라드 한곡을 듣고 하루를 마감한다.

영화아파트

소방서 옆 영화아파트,
하루 두 번은 어김없이
밤낮 가리지 않고 들리는 사이렌 소리에
가장 안전할 것 같은,
오래된 아파트는 D등급 안전진단을 받고
빈 집들 늘어가고 있다.
주인을 잃은 창문들은 하나씩 금이 가고
가끔씩 손님처럼 요란스럽게 방문하는 빗방울들과
옛 주인처럼 조용히 들어와
낡은 추억을 읽고 가는 바람만이
아파트를 서성일 뿐이다.
밤이 되면 더욱 창백해지는 아파트 외벽처럼
오소소 들려오는 세대들의 한숨소리들
가로등마저 편히 잠들지 못해 낡은 빛 치켜세우고
한 쪽 귀 열어둔 채 쪽잠을 자는 경비아저씨,
환한 아침 손꼽아 기다린다.

숲

숲은 도시의 오아시스다.
도시는 숲의 특허권을 소유하지 못해
모방만 할 뿐이다.
숲과 도시 사이에 해가
비스듬히 걸려있을 때
숲은 일찍 어둠속으로 들어가고
하늘에는 노을빛 수채화가
보랏빛 얼굴로 분장중이다.
어제의 그림자가 바람처럼 불고

여자는 자기의 배역을 연습한다.
이번 드라마에서 그녀의 배역은
숲 속에서 아이의 손을 잡고
걸어가는 여자5이다.
여자는 자신의 삶에 허락된 적 없는
묵비권을 행사하고 있다.
카메라가 저녁하늘을
풀 샷으로 잡았다가
아이와 여자5에게 시선을 주었다.

행복한 아이의 얼굴과 상반된
무표정한 여자5의 얼굴에는
숲 속 어둠이 짙게 깔려 있다.
카메라만이 알아볼 수 있는
여자의 삶이 한 컷으로 압축된다.
무대를 내려오는 여자의 걸음에
햇살 하나가 와서 부딪혀 출렁이고
숲을 배경으로 하는 여자의 생이
무색 필름 속에 저장된다.
마지막 장면, 여자 주인공 이름이
사막 한가운데 오아시스처럼 간절하다

어둠이 내린 숲에 들면
말하고 싶었던 여자의 이야기가
가로등 아래서 들려올 것 같다.

마량포의 봄

3월의 봄바람은
하늘색 가면을 쓰고 있다.
지난겨울 폭설의 채찍질로
몸에 가시가 박힌 바람은
오래전 잃어버린 주소 한 장,
달랑 들고 헤매고 있다.
햇살은 허리가 구부러진
할머니의 약손처럼 편안하다.

마량포구에는
파도가 봄바람처럼 넘실대고
바람에 매인 어선은
출항을 손꼽아 기다리고 있다.
낯선 손님들이 바다와 어선을 배경으로
봄을 건져내고 있다.
타닥타닥
바다에서 건져낼 수 있는 최고의 맛들이
숯불에 올라와 익어가는 소리 들린다.
바람에 연기가 구워지고

냄새는 바람을 타고 간다.

석쇠 위에 굴이 쩍 입을 벌리듯
바다는 잘 구워진 노을을
한 입에 삼키기 위해
아가리 쩍 벌리고 있다.
노을이 바다에 수직하강하고
마량 포구에 조금씩 돌아오는 바닷물,
봄이 들어오는 소리 들린다.

역습

하나의 계절이 또 하나의 계절을
점령해버린 4월 눈 오는 아침,
봄이 닿았던 자리마다
흰 사막이 만들어지고
차가운 바람은 어깨동무를 하고 있다.
눈에게 견인되는 차들이
낙타처럼 느린 행진을 하고
사람들은 버스를 타기 위해
모래바람처럼 휘날리고 있다.
기습적인 공격에 다 피우지 못한
목련 꽃송이는 헌화(獻花)처럼
바람에 흔들리고 있다.

눈꽃 속에 잠든 꽃송이는
조용히 침대에 누워 있다.
엄마의 비명소리가 아이를 흔들고
남자는 장롱처럼 벽에 붙여있다.
다섯 살 여자애는 벗어둔 외투처럼
엄마 옆에 조용히 앉아있다.

요란한 소리로 자신의 존재를 알리며
도착한 구급차는 남자 아이의 멈춰버린 심장을
살리기 위해 혈투중이다.
벽에 걸린 시계바늘이 멈추고
구급차는 시간이라는 거미줄에서 빠져나오려고
다급한 소리를 내지르고 있다.

다음날 뉴스에서는 아이의 몸에서
심한 눈보라를 맞은 것처럼
여러 개의 피멍자국이 발견되었다고 했다.

골목길

차가 들어갈 수 있는 곳은 도로입구까지다.
인도에서 시작된 골목은
낮은 집들이 위로 뚫린 동굴처럼 어둡고
뭉텅한 타원형을 그리고 있다.
오래된 집과 담장에는
지난 기억들이 벽화처럼 걸려있다.
습기를 속옷처럼 입은 얄팍한 흙 위에
시멘트는 두께를 잃어버리고
울퉁불퉁한 얼굴을 하고 있다.
하수구를 덮은 녹슨 양철은
커다란 구멍이 뚫려있어
호시탐탐 제물을 요구한다.
밤이면 눈이 어두운 사람들은 어디론가 끌려간다.

낡은 풍경들이 정겨운 오후,
오늘처럼 비가 내리면
부침개와 막걸리 냄새로 왁자지껄 떠드는 소리가
골목을 들썩이게 했다.
노래 한 자락이 담을 넘어 흘러나오고

냄새에 배가 고픈 아이들은
부침개에 눈을 붙잡아 두고 있다.
채워지지 않는 식욕은 오래된 골목으로 향하고
골목에 있는 집들은 방과 대문 사이에
얕은 마루가 있었다. 문패 없는 대문은
아무개 집으로 통하는 이력을 지니고 있다.

재개발 지역 도장이 찍힌 그날부터
골목길은 봄바람에도 오소소 몸을 떨곤 했다.
소멸중인 골목길에 새로운 아파트 단지가 들어오고
도로 건너편 시끄러운 동네와
도시 풍경을 채울 것이다.
그때까지 골목은 어떤 꿈도 꾸지 못한다.
그때까지 골목은 낡은 집을 하나씩
제 가슴에 찍어둘 것이다.

타원형 골목길에 그와 그녀의 이야기가 들려온다.

낡은 지붕 이야기

나를 깨운 건 그 남자의 비리갱이 같은 왼발이다.
내 몸을 관통한 저 왼발은
노동의 이력이 발바닥에 문신처럼 새겨져있다.
작년보다 일찍 시작된 구름의 편지에는
당일특급배송이라는 도장이 찍혀있다.
안개 타자기로 한 타씩 쓴 편지는
배송료가 언제나 무료이다.
눅눅한 한 때는
색깔이 있거나 무채색의
낡은 지붕에 부딪히는,
뚫어버릴 듯 내리는 빗소리로 시작된다.
구름의 열매들이 곧장 직진해 들어오는
저지대 골목의 지붕을 포르테시모로 두드린다.
휴일 아침, 세상에서 가장 긴 선들의 하얀 손들이
골목의 오래된 그림을 지우고 있다.
낡은 혹은 오래된 담장의 글씨들이
자신의 미래를 확인하기 위해 뚜벅뚜벅 걸어간다.
기와에는 미세한 틈으로 떨어지는 빗방울들이
할아버지 꿈속을 두드리고 있다.

오래된 기와는 시간이 만들어낸 윤기가 났고
지붕에 올라온 할아버지의 왼발이
내 몸속에 들어오고야 말았다.
할머니의 다급한 소리가 빗소리를 뚫고 어디론가 향하고 있다.
낡은 지붕이 더욱 낡아지는,
장마가 이제 막 시작되었을 뿐이다.

민달팽이, 할머니

민달팽이 한 마리, 도로 중앙선에서
허름한 집 옮기려고 느릿느릿 기어가고 있다.
작고 주름진 얼굴로 긴 하루를
빨리 끝내고 싶은 할머니,
횡단보도를 옆에 두고도
도로 한 가운데에서 도둑고양이처럼
차들을 향해 날카로운 발톱 세우고 있다.
녹색 신호등에 붙은 속도가
할머니를 바람풍선으로 만들어 버렸다.
리어카 위에는 장수사과 다섯 상자,
포도 세 상자와 쌀 세 부대,
아이스크림과 과자 세 상자가 놓여 있고
손자들의 얼굴이 바퀴처럼 굴러가고 있다.
리어카의 움직임에 덩달아 어깨를
들썩이는 동전들, 할머니 심장소리 같다.
무사히 도로를 건넌 리어카를
행인이 밀어준다. 잠시 리어카가
모터라도 단 듯 가볍게 출렁인다.
10년 전부터 폐휴지 줍다 더 구부러져 버린

할머니 등 위로 바람이 분다.
리어카의 무게만큼
할머니의 하루가 저녁노을에 반짝이고 있다.

집 밖의 남자

한 남자가 집 밖에서 서성인다.
세 개의 다리로 삐딱하게 서 있는 의자처럼 비틀거리면서

집을 나올 때는 당당했다.
여기 아니면 갈데없을까 고약한 심보가 먼저 집을 나왔다.
화려한 밤을 보낼 동반자를 찾으려
전화를 해보지만 불통의 대답뿐이다.
거리를 따라 걷다보니 밤은 가로등 옆,
포장마차 불빛으로 켜져 있다.
마음은 국수 한 그릇과 소주 두 병으로도
허기를 채우지 못하고 비틀거렸다.
불어버린 국수 가락처럼 늘어진 혼잣말과
본질을 잃어버린 남자는
불안한 저녁을 빈 소주병 속에 집어넣는다.

열쇠가 없는 남자는 집 밖에서
핸드폰만 뚫어지게 쳐다보고 있다.
눈은 1과 9사이를 오가고
도움을 바라는 마음은 오기로 똘똘 뭉쳐져 나온다.

집 밖의 남자는 고래를 타고
밤의 바다를 건너갈 모양이다.

겨울나기

십이월 들어서자 함박눈 쏟아진다.
성긴 뼈 속을 강탈이라도 하려는 듯
차갑고 매서운 겨울 칼바람 불어온다.

올해는 강추위와 눈 소식이 많을 거라는 뉴스가 있었다.

자식들 타지에 보내고 혼자사시는 산수동 할머니의 방은
겨울 내내 보일러를 튼 흔적이 없는지 냉골이었다.
이불 편 그 자리만 냉기가 없는 사글세방에는
차단된 겨울 햇살과 수시로 들어오는 웃풍이
한 때 단란했던 가족에게 시비라도 걸 듯 밀어붙였다.

온기 한 점 없는 차가운 시멘트 바닥에
얇은 신문지 이불삼아 깔고 덮은
대합실 반백의 아저씨는 소주 한 병을 제 속에 담고
겨울 깊은 밤 냉골 추위를 견디려나 보다
코고는 소리만 하얀 서릿발처럼 날리고 있었다.

한 겨울 햇살이 봄 날씨 같다고

섣부른 매화는 얼굴 삐죽 내민다.
추위는 몸보다 마음이 먼저 느끼는 온도라
추워도 내색하지 못하는 집 없는 형편들이
맨 몸으로 겨울 된바람을 맞고 있다.

떠나는 혹은 떠나보낸

사람들이 떠날때면 심장 한 구석에서
깊은 한숨소리 같은 바람소리가 났다.
겨울 찬바람 몰아내는 순한 바람이
짐들을 하나씩 꾸리고
늘어난 세간만큼 시간은
샛길을 모르고 묵묵히 걸어왔다.
한 곳에 마음과 몸을 적금처럼 맡기고
불어난 이자만큼 쌓였던 애정은
떠날 때 비로소 완성되는 한 폭의 유채화,
소리 없이 쌓이는 새벽 함박눈 같은 것이다.

사람들을 떠나보낸 뒤 허파 한 구석에서
깊은 한숨소리 같은 바람 빠지는 소리가 났다.
커다랗게 뚫린 공백에는 스냅사진처럼 찍힌
잘 익은 김장김치 같은 소소한 이야기와
햇볕에 잘 마른 시래기같이 엮여진 추억들 걸려있다.
시간은 그만큼 묵묵히 걸어갈 것이다.
그 사람들에게 쏟은 마음과 시간은
한 편의 시와 에세이가 되어 한 권의 책이 될 때까지,

벚꽃으로 피었다 단풍으로 물들어버린 다정은
뜨거운 찻잔 속 곱게 풀어진 국화꽃잎 같은 것이다.

세 개의 고리

그 집 벽시계는 새벽 2시 10분에 정지되었다.
헉!
그의 깊은 잠속에서도 숨 가쁘게 달려온 심장은
과부하 걸린 자동차 엔진처럼 딱 멈춰버렸다.
쿵!
쓰러진 소리와 가족들의 고함소리로
정지된 시계는 다시 움직였다.
오분 모래시계는 소리를 잃어버리고
두 시간의 간극은 조금씩 멀어진다.
해진 옷을 바느질하듯 생과 사의 틈새를 이어주는
첫 번째 소생의 고리가 딸가닥 채워지고
모세의 지팡이가 된 마법의 두 손에서
두 번째 고리가 시작되었다.
생명의 처음과 끝,
생의 가파른 곡선을 그리는 응급실에서
오로라처럼 반짝이는 소생의 마지막 고리가
붉은 실로 촘촘히 바느질하듯 새벽별로 떠오른다.
세 개의 고리들이 십자수로 생명의 고리를 완성하고
그 집 벽시계의 소곤대는 소리가
심장소리로 들리기 시작한다.

3

울컥

울컥

사소한 것들이 마음을 툭 건드린다.

숨겨있던 날개들이 후두두 떨어지고

노오란 잎 속에 가려졌던 삶의 무게들이

풍경 속에서 빛을 잃어간다.

내려놓지 못한 욕심들이 갈대처럼 일어서고

가을의 울음이 시간을 멈추게 하면

절정을 끝낸 단풍들처럼

내 시간 속으로 떨어져 내린다.

밤의 스케치

푸른 나뭇가지에 꽃으로 피어난 어둠을 그리고 싶어
가로등이 없고 달빛도 없는 깜깜한 밤,
모든 색들이 사라지고
검은 눈동자의 농도로 그릴 수 있는

어제는 진한 아메리카노였고
오늘은 달콤한 카라멜마끼야토 같은,
내일은 커튼 뒤 어둠속으로 숨어버리는,
이 밤이 가기 전에 잠든 나무의 그림자를 찾을 수 있을까

오늘은 네 깊은 눈동자를 그릴 수 있는 그런 밤이야
별이 하나씩 질 때마다 까만 점들이
내 도화지 위에 떨어지고 있어

또 하나의 계절

노래를 끄고 책을 덮는다.
절정에 도달한 마음은 바람에 떨어지고
꿈 속 같았던 세상도 잠시 내려놓는다.
어제 읽었던 책 속의 짧은 메모처럼
하나의 계절이 후루루 날개를 접는다.

시간의 뭉게구름이
온 몸을 던지며 빠르게 지나가버리는,
한 여름의 노을이였다가
가을 새벽별이었던 한 낮의 낮달처럼
창백한 계절을 무어라 부를까
흔적을 남기지않고
아무것도 하지 않은 채
수직에서 수평으로 드러누운
서투른 내 사색의 끝자락에서,
내 심장을 다시 뛰게 할 누군가를 사랑하고
내 심장을 차갑게 할 누군가를 잊기로 한다.
시간은 벼랑처럼 막바지에 도달할 때
이 계절의 이름을 알려줄 것이다.

첫눈

서로 겹치거나 부딪히는 법 없이 착하고 순한 양처럼
직선과 사선의 각에는 타원이 늑대처럼 끼어들고
계절은 가르는 바람보다 더 매혹적인 자태로
우리를 유혹하는 질문들 휘날리고 있다.

떨어지는 꽃잎처럼 어디로 갈지 모르는 방랑과
흔적 없이 지워져도 아름다울 수 있는 시간이다.
등잔 아래 어두운 본능을 감추고 싶은
낡은 기억들에서 자유로운 시간들이 눈처럼 내리고
해야 할 일들이 다 끝나기 전 주저하듯 내미는 그 손을
차마 못 본 척 할 수 있을까
그때에도 지금도
보이지 않는 것을 눈으로 확인해야만 인정하는
낮은 자의 침묵이 한 겹 한 겹 쌓여간다.
누군가의 첫 발자국을 볼 수 있을 것 같은
첫눈 내리는 날,
내 처음 사랑도 돌아올 것 같다.

아버지

그때는 어느 집에서나 소 두 마리쯤 길렀지
소 값이 내리는 벚꽃처럼 와락 떨어지기 전까지는
울 아버지도 정성스레 키웠어

농번기가 끝난 들에 잘 마른 짚들로
하루 세 번 먹이를 챙겨주던 아버지가
하루 세 끼 술로 끼니를 때우셨다.
아버지의 희망을 잊게 했고
좌절을 술처럼 마시던 그 때,
아버지는 동네 아저씨들과 타지로
일하러 가신다고 훌쩍 떠나셨다.
그때부터 아버지의 객지 생활이 시작되었다.
가끔씩 아버지가 우리를 기억하고 있는 지 궁금했고
엄마는 아버지의 몫만큼 더 열심히 일하셨다.
아버지의 소식은 이웃집 아저씨에게서
가끔씩 들을 수 있었다.
막내아들인 아버지의 삶은 달력 위에 적어 논
짧은 시처럼 이해하기 어려웠다.
모든 삶이 궁핍하고 어려운 그때에는

아버지, 그 이름에 기대어
가냘픈 날개를 움츠리던 때가 있었다.

화이트크리스마스

크리스마스이브가 허무하게 내리는 비에 녹아버리고
산타의 선물은 배송지연으로 오지 않아요.
내년에 산타가 오기 전에 선물을 볼 수 있을거야
아빠는 너무 긍정적인 말을 했죠.
선물은 그냥 잊어버려
크리스마스 선물은 너무 일률적이고 개성이 없는,
착한 아이에게만 주는 거야
하지만 너는 착한 아이가 아니잖아
엄마는 너무 비관적인 말을 해요.
우리는 매년 화이트 크리스마스를 꿈꾸어요.
크리스마스트리는 한 달 전부터
화려한 전구를 몸에 두르고 눈을 기다려요.
아무리 멋진 장식을 해도 눈이 빠질 수 없죠.
솜사탕 같고 구름 같은 눈송이들,
작은 별 산타는 눈이 와야 썰매를 끌 수 있어요.
어제 밤부터 내린 눈으로 화이트크리스마스가 되었죠.
아이들은 산타를 기다리다 잠이 들고
새벽송이 들리지 않는 아파트에서는
누군가 다녀간 흔적조차 눈 속에 깊이 파묻혀 버렸죠.

올해는 화이트 크리스마스,
내 선물은 지금 밖에서 내리고 있네요.

그리움

몇 백번을 외쳐야 너와 나 사이가
아무것도 없는 일직선이 될까
사선의 만남이 평행선이 되기까지
얼마나 많은 아픔이 있어야 하나
시간의 공식에 비례하지 않는 그리움은
그늘진 침묵만을 늘려가고 있다.
가을녘 수평선 위로 올라오는 붉은 해로도
감당할 수 없는 슬픈 노래들이
하늘빛 바다에 징검돌 하나씩 놓으며
그 넓은 바다로 돌아가고
바다,
그 넓은 집에 둥지를 트는 새빨간 그리움,
지워져가는 네 얼굴들이 오늘은 푸르다.

불혹 지나고

연초록의 푸른 잎과

연분홍의 꽃잎들이

서로를 바라보는 짧은 한 때

화려한 벚꽃지고

잎으로 살아가는 많은 날들

불혹을 방금 넘어온 여자는

두 개의 동그라미 속에서

접었던 날개 활짝 펼쳐본다.

허기

요즘 밥을 먹어도 돌아서면 배가 고프다.

며칠 시골에 다녀오신 어머니는
베란다의 화분을 들어보신다.
말없이 내려놓으며 사랑방에 마실가신다.
화분에 물을 준 지 일주일이 지나지 않았다.

어제와 같은 무게의 동양란 몇 십 촉과
산세베리아 한 그루와 고무나무들이
줄을 맞추어 베란다를 점령하고 있다.
꽃을 피우기 위해
푸른 잎을 높이 쳐들기 위해
제 몸에 있는 모든 것을 아낌없이 쓰고 있다.
도시에서 느끼는 허기를 시골에서 꽉 채우고 오신 듯
어머니의 얼굴에서 살구내음이 났다.

밤을 낮처럼 살았던 뒷걸음질 속에서
몸은 시간을 자꾸 잊어갔다.
지난 시간을 살아온 삶의 무게는
늘 허기로 되돌아오곤 했다.

비가 오는 날이면

 비가 오면 어릴 적 그 집에서 먹던 부침개가 생각난다. 내가 좋아하는 오징어 새우 김치는 하나도 안 들어간 그냥 밀가루로만 지진 밀건 전이었다. 우리 동네 제일 꼭대기에 아무도 살지 않았던 폐가 같은 그 집에는 서울변두리에서 살다 이사 온 가족들이 살았다. 밥 냄새보다 부침개 냄새가 더 많이 났던 그 집 아이들과 놀다가 간식으로 나온 전에 얼마나 환장 했던가 우리보다 나이가 많아 언니라고 불렀던 그 집에서 노는 것이 얼마나 좋았던지 여름이면 논두렁 몇 개 타고 동네에서 제일 가까운 하천에서 멱 감고 난 뒤 우르르 그 집으로 몰려가곤 했었다. 해질 무렵이면 고동 잡는 재미에 흠뻑 빠져 있던 그 시절 지금도 비가 오는 날이면 누가 살고 있는지 모르는 그 집에 부침개 냄새가 날 것만 같다.

겨울 아침 출근길

게으른 잠이 바다를 건너고 있다.

주말은 삼이분음표처럼 짧고
월요일은 공과금 납부일처럼 빨리 온다.
배우들은 기나긴 겨울밤을
1막 2장의 연극무대로 연출한다.
관객들은 무대를 알지 못해 지나쳐가고
주인공의 절박한 대사와 몸짓에만
불이 나간 전등처럼 깜빡거린다.

무대가 바뀌고 주인공은 차가운 바닥에
혼자 누워 열연을 펼치고 있다.
주인공의 연기를 알아본 관객은
선한 사마리아인이 되기로 한다.

새벽이 후다닥 도로를 건너가고 있다.

겨울 아침 출근길, 바다를 건너온 해가
간밤에 펼쳐진 무대를 해체하고

새로운 무대를 연출한다.

게으른 해는 출근길 사거리마다
붉은 햇살을 눈처럼 뿌리고
봄을 기다리는 겨울나무 가지 위에
게으른 잠이 하얀 구름을 베고 누워 있다.

양동시장에서

어떤 친구는 세상에 마음 부딪치는 날이면
양동시장에 간다고 했다.
엄마는 일 년에 두 번 명절때면
양동시장에서 오남매 옷을 사오셨다.
내 기억 속 시장은 세상에서 제일 신기한,
한 달에 한번 씩 열리는 시골장터 시장과
세상에서 살 수 있는 모든 물건을 파는 양동시장이었다.

새벽 네 시면 시장 상인들,
분주한 몸짓으로 하루 장사를 준비한다.
이제 막 공판장에서 온 물건을 들여놓고
손님들에게 팔 좋은 물건을 가판대에 진열한다.
자식들 제 길 가도록 도와준 고마운 밥벌이였다.
요일에 상관없이 드나드는 사람들 많은 먹자골목에
한 여인이 술 냄새 풍기며 제 집에서 자듯 누워있었다.
사람들 도움으로 겨우 깨어난 여인은 중얼거리며
몇 달 전 돌아가신 아버지가 그리운 지 엉엉 울었다.
30대 자식 둘을 50대 여인은 추운 겨울 날씨에
아버지 혼자 추울까봐 걱정돼서 운다고 했다.

〉
소 키워서 자식들 학교 보내던 그 시절,
부모님들의 소박한 꿈들이 모여 있었던,
서민들의 쌈짓돈이 풀렸다 돌아오는 양동시장에서
추억은 낡은 필름으로 돌아가고 있었다.

노란 울음들

아래로 향한 시선을 허공에 두었다.
파란 겨울 하늘아래 날개를 잃어버린 것들은
어디로 가야할지 슬픈 표정만 짓고 있다.

노란 잎들은 흙으로 돌아가고
속울음처럼 노란열매들 가지에 단단히 묶여있다.

우듬지 아래 남의 속 터지는 줄 모르고
철없이 내리는 눈송이들아
너와 나의 인연은 이 계절에는 어울리지 않는다.
차가운 거절 또한 내 진심은 아니니
내 어깨든 어디에도 앉지 말거라
오래 가지 않을 만남에 나 또한 슬퍼하지 않으리

가을 햇볕에 속살 꽉 채운 노란 울음들이
앙상한 가지를 벗어나지 못하고
새들도 잠시 앉았다 갈 뿐이다.
하얀 소멸은 화이트크리스마스처럼 멀고
아름다운 이별은 예언처럼 남겨져 있다.

절벽처럼 가파른 나뭇가지 끝,
창백한 낮달만 서성거리고 있다.

난청

소리들이 방향을 잃고 사라진다.
어떤 소리들은 탈출을 시도하다 잡히기도 한다.
소리굽쇠 끝에서 내가 들어보지 못한
소리가 툭 튀어나와 소리와 눈의 관계가
아무것도 아님을 밝힌다.
그래도 눈은 소리를 떠나지 못한다.
떠나갔다 돌아온 바람은 소리를 배신할 것이다.
어제처럼 오늘도 그리고 내일도

소리는 자신이 만든 말과 목소리를 들어본 적이 없다.
소리를 가둬두려는 귀의 고전적 습성 때문에

고백할 것이 있는데요
나는 소리를 잘 들을 수 없어요
어디로 갈지 모르는 것들을 억지로 감옥에 가둔 것은
내 의지가 아니라는 거 알고 있죠?
언젠가 이것이 음모라고 밝혀질거에요
소리들이 떠난 그곳에 가면 진실이 있을거라구요.

〉
의사선생님은 보청기를 권하고
나는 소리를 들리는 것까지만 듣기로 한다.

기차

기차가 벗어놓고 간 신발이 어깨를 움츠리고 있다.
빈 신발에는 기차를 놓친 바람이 잠들어 있다.

언제나 부재중인 너를 만나기 위해
무작정 탔던 기차는 벗어둔 신발을 신었다.
사람들은 머물기 위해 기차를 타고 떠났고
나는 떠나기 위해 기차를 탔다.
너와의 거리는 여섯 개의 낯선 역,
나는 네 번째 되는 낯익은 역에서 내리고 말았다.
언제나 나의 시간은 빨리 도착했고
너의 시간은 이름도 알 수 없는
어떤 역에서 멈춰버렸다.
네 개의 발자국이 두 개가 되는 지점에서
크리스마스가 시작되고
구름 속에서 기다리다 지친 눈들이
아무도 없는 빈 의자에 털썩 주저앉았다.
크리스마스의 하얀 눈이 편지처럼 남겨졌다.

〉
기차가 새 신발을 신고
뽀드득뽀드득 소리를 내면서
풍경하나를 푹 떠서 실었다.
기차는 정지된 시간을 아무도 모르게
출발역에 크리스마스 선물처럼
배달해 놓고 가버렸다.
오래전 내 손을 빠져나간 편지들이
하얀 눈을 앞장세워 밤을 몰고 갔다.

시

7월의 낮은 구름들이 몰려오는 것이 보여
어디에 숨어있다 이제야 나타났지 저 소나기는
비를 피해 나무에 숨은 네가 꿈에 나타날 때마다
난 이것이 꿈이라는 것을 알아
얼굴이 없는 너를 찾아다니는 일이 지겨워졌어
이제 그럴 때도 되잖아
벚꽃이 거리를 이별의 꼭짓점으로 찍어놓을 때
흰 눈이 지붕을 뒤덮을 때 난 알아야했어
밤마다 총총 떴다지는 별의 뒷모습이
내 모습이라는 것을

슬픔의 시작

 내 슬픔은 아주 오래전, 태어난 순간부터 내 몸속에서 자라고 있었어. 다섯 살 여자아이는 비를 맞아도 젖지 않을 거라는 생각과 자기가 별나라 공주라는 생각을 오래 간직하고 있었지. 겨울이면 동네 어귀에서 남자 아이들의 놀이에 흠뻑 빠져 구경하던 어린 시절, 언니들 옆에 있어야 할 내가 왜 거기에 있었을까 내 슬픔은 꿈속에서부터 시작되었어. 너를 찾아다니는 그 시절부터 꿈은 슬픔을 부르는 파랑새였지. 꿈은 벗어날 수 없는 늪처럼 사랑이 지나간 후에도 한참이나 슬픔을 부르곤 했어.

4

마흔을 넘다

마흔을 넘다

아침기온 19.6

7월초 아직 장마는 끝나지 않았다. 아침 뉴스에 기상 캐스터는 부드러운 목소리로 오늘 날씨는 어제보다 더 더울 거라고 말하고 사라진다. 작은 아이는 밥을 먹다 텔레비전 자막에 나오는 아침 기온에 대해 물어본다. 19.6도는 추운 건가요? 어제 밤처럼 잘 때 이불을 꼭 덥고 자야하는 온도야.

꿈속의 꿈

꿈속의 나는 꿈을 꾸고 있네. 누군가 찾아오는 꿈, 담을 넘는 발자국 소리는 가까워지고 성대는 굳게 닫혀 소리는 한 겨울 바위처럼 굳어가고. 자꾸만 되풀이 되는 꿈을 꾸고 주문처럼 외우는, 그 노래는 오랜 습관처럼 꿈속에서도 지워져 간다.

지워져가는 얼굴

얼굴이 하나씩 지워져 간다. 어느 날은 눈이 투명하게 보여 아예 사라질 것 같고 코는 한없이 주저앉아 그대로 납작해 질 것 같다. 입은 주절대다 날개를 달아 날아갈 것 같다. 수분이 증발해 버린 냉장고 속 사과처럼 주름진 얼굴이 하나씩 지워져가고 있다.

눈 내리는 새벽

곤히 자던 어둠이 소스라치게 놀라
벌떡 일어나는 새벽이다.
날개가 부러진 눈들이 펼쳐놓은,
하얀 모래사장에 잠자던 바람도
덩실 춤추는 새벽이다.

빠른 직선의 황새걸음,
부드러운 곡선의 달팽이걸음,
다부진 사선의 노루걸음으로
그들의 얼굴만큼이나 하얀 손짓으로
세상에 던진 물음표처럼
온 몸으로 내리고 있다.

세상의 모든 벌거숭이를 위해
하얀 목화솜옷을 입혀주는
그러다, 툭 던져진 눈 뭉치가
깨어있는 그녀 몸 위에
가시처럼 박혀 몸속을 돌고 있다.
심장소리보다 더 크게 들리는,

눈 내리는 소리에 흔들의자도
덜거덩 덜거덩 소리를 내고 있다.

어제 저녁 시작된 통증 때문에
잠들지 못한 채 맞은 새벽,
창 밖에는 어루숭어루숭 흰 날개 펼친,
자신의 목소리로 세상을 향해 외치는
그들의 노래 소리가 들리고 있다.
잠든 세상 깨우고 있다.

커다란 철가방을 타다

나의 본능은
무언가를 담는 커다란 철가방,
불 켜진 동굴이다.

가방에 무언가를 넣고 배달하지 않으면
상사병에 걸리고 마는 외로운 양치기
동굴 앞에서 참깨를 누르는
값비싼 명품과 화려한 장신구로 치장한
아줌마가 타자 잠시 휘청거리는 내 몸의 중심이
그녀의 허영심만큼 무겁지
동굴로 들어가기 위해 세 개 또는 네 개의 다리로
뚜벅뚜벅 걸어오는 할머니의 손에는
많은 약들이 담겨져 있는 하얀 봉지가 있었지
사람들이 허락한 시간이 지나자,
문은 닫히고 참깨를 누르는
다른 층으로 올라가고 말았어
할머니는 한참을 동굴 앞에서
참깨를 부르고 있었지

과식은 나에게 금물,
체중조절과 균형만이 장수의 비결이지
동굴에 갇혀 본 사람은
사각형의 공포를 오래 기억하지
제어장치로도 어쩔 수 없는
코뿔소의 외고집,
속도는 빛보다 어두움을 향해 질주하지
구원의 빛이 들어올 때까지

커다란 철가방에는 당신의 상상 속 그림들이
암각화처럼 숨겨져 있어

그녀의 핸드폰 사용법

열 손가락 보다 두 개의 엄지가 빠르다.
처음으로 달에 착륙한 것처럼

야금야금 베어먹은 한 개의 사과가
보름달에서 반달이 되기까지의 시간,

은행잎이 초록을 버리고
노랗게 될 때까지의 시간,

절반을 잃어버린 아니면
아직 절반을 지닌 사과 반쪽에서
개미들이 먹다 남긴 뼈 한 조각이 될 시간,

시간의 틈에서 다시 떠오르는 모서리의
아픈 기억이 사라지는 시간,

네가 두고 간 아니면 내가 훔쳐 버린 시간,

핸드폰, 그 속에는

그녀가 꿈속에서 보았던
아니면 꿈꾸고 있는 시간을
열 수 있는 작은 열쇠가
햇살에 잘 익은
빨간 사과나무 우듬지에
살며시 걸려있다.

검은 영혼의 노래

당신은
세상에서 가장 부드러운 손으로
나를 만들었어
내 초경이 줄기를 타고
꽃 봉우리 속으로 들어가
내가 비로소 여자가 된 날,
나비는 팔랑대는 날개로 노래 불렀지

당신의 부드러운 목소리에
내 성장판이 뿌리에서
줄기까지 닫히게 되고
내가 비로소 여인이 된 날,
바람은 팔랑대는 날개로 춤을 추었지

절정의 순간이 끝나자
당신은 날카로운 손을 뻗어
내 입을 막아버리지
이제 미이라가 될 시간이라고

당신이 만든 꽃 한 송이가
공중그네 위에서 노래하고 있어
아직 다하지 못한 생의 노래를
바람에 흔들리면서
햇볕에 검은 영혼이 될 때까지
붉은 입술이 까맣게 될 때까지

이브의 유혹

치아는 늙어가고 있지
한 평생 거친 흙과 잡초, 돌멩이로
허리를 잃어버린 호미처럼
맞벌이하는 아들을 위해
시골에 버려둔 집처럼

모두 잠들어 있는 시간,
치아는 자신의 시간을 생각하고 있지
오래된 동굴에서 석주처럼
석순처럼 자라나 닳아가고 있는
자신의 시간을,
그 너머에 있는 시간을

치아는
아주 오래전 사과를 배어먹은
유혹의 달콤함을 기억하고 있어
절대 버릴 수 없는 본능이지
유전자의 굴렁쇠가 시간의 인공위성을 타고
자신의 본능을 아주 깊숙한 곳에 숨겨두지
유혹에 얼마나 약한지를

고장난 시간 속에서

 밤 12시, 소리의 문이 닫히고 사막의 바람을 타고 건너온 침묵의 문이 열리는 시간입니다. 아무도 다가오지 않는 조그만 방, 그 속에는 고장 난 물건들이 높은 바벨탑처럼 쌓여있지요. 시간의 웜홀에서 빠져나온 1시간에는 고장 난 몸을 버리고 자유롭게 움직일 수 있는 시간이지요. 더 이상 울지 못하는 뻐꾸기시계가 시끄럽게 12시를 알리면 세탁기는 주인을 잃어버린 말들을 수거해 통속에 넣고 삐거덕삐거덕 관절을 움직여 빨래를 하고 다리가 까맣게 타버린 다리미는 적절하지 못해 버려진 말들을 반듯하게 다리고 아무것도 먹지 못하는 청소기는 요란한 소리로 세상의 버려진 말들을 주어 담지요. 뚜껑을 잃어버린 무선 주전자는 고장 난 말들을 가열해 완성된 말들로 만들지요. 뻐꾸기시계가 한 번 크게 울리면 모든 동작들이 멈춰지고 고장 난 시간은 끝이 나지요. 혹시 당신의 고장 난 물건들이 보이지 않는다면 그 곳에서 살고 있는 것이니 찾지 마세요.

플루트, 들리지 않던 그녀의 목소리

두드리면 퐁 퐁 퐁
소리의 문을 여는 손가락들의 합주곡,
난 피아노를 배우고 싶었어
오래된 소원이었지만
허공에서 촛불 하나 끄는 일은
퐁 퐁 퐁 고막을 뚫고 나오는 바람소리,
그녀를 만나기 위한 사전작업이지.

꽉 닫힌 입술 사이가 벌어지자
소리들이 또각또각 걸어 나와
촛불을 끄고 있어
시냇가의 총 총 총 물수세미 같은
호흡은 버려야 하는데
오래된 습관에 익숙한 몸을 바꾸는 것은
어릴 적 내 호흡을 다시 찾는 일이야.

이제 그녀의 목소리를 들어도 좋을 시간,
차갑고 도도한 그녀가 만들어낸 소리가
촛불을 하나씩 켜고 있어

손목 꺾인 책가방을 들고 등교하는
9살의 여자애가 촛불을 따라 사라지고
플라타너스 나무 뒤에서 눈동자마저 숨겼던
19살의 여자도 사라지고 있어

어떤 때는 홍수처럼 불어난 호흡을
주체하지 못해 쏟아버리고
더러는 지진으로 빈곤의 상태에 빠지기도 하지
변덕이 심한 그녀의 비위를 맞추는 것에
이력이 난 여자는 가끔 반란을 꿈꾸기도 해
그녀도 여자의 자라지 못한 새끼손가락이
마음에 들지 않지만 참아주기도 하지

음치인 여자가 플루트를 부는 시간에는
오래전 고막 속에 숨은 소리를 찾아내지
들리지 않았던 그녀의 목소리가
바람을 타고 날아가고 있어.

바닥

탁자는 나무로 만든 바닥이다.
생이 빠져나온 최초의 구유이자
마지막 보금자리다.
21평 아파트에 없었던
탁자가 거실에 놓이자
바닥 위에 바닥, 선반이 되고
다리가 짧은 식탁이 되고
앉은뱅이책상으로 변신중이다.
탁자에는 햇살이 그린 수묵화가 걸려 있고
바람이 쓰고 있는 이야기가 적혀 있고
가족들의 웃음소리가 녹음되어있다.

어머니의 바닥은
탁자보다 낮고 차가웠다.
나무와 흙은 두께에서 오는
고집스러움과 유연함을 섞어
바닥을 이루고 있었다.
날이 흐린 날이면
어머니는 자주 누우셨다.

바닥이라는 이불을 깔고
벌어질 것 같은 등을
두 팔로 꼭 잡고
꿈을 꾸고 계신다.
오래전 시장 좌판에서
궤짝으로 조기를 팔던 차갑던 손은
언젠가 눕게 될 바다 위를
헤엄치고 있다.
바닥에 등짝이 붙어버릴 때,
비로소 행복한 미소가
낮은 바다에서 올라오고 있다.

뒷산

뒷산으로 가는 길에는 나무가 만든 바람이
이정표처럼 사람을 안내하고 있다.
산은 내 작은 손바닥으로 만들어졌고
산속의 길은 손금처럼 모여 있다.
어릴 적 뒷산은 숨어있기 좋은 동굴이었다.
그 속에는 산딸기가 있고
우리의 방을 데워줄 나무가 있고
데미안을 막 읽은 열다섯 소녀가 있었다.
햇살이 그리움의 틈을 비집고 들어오면
나무들이 만든 그늘 속에서
바람이 살살 긁어놓은 발자국,
오래전 찾지 못한 보물들이
고개를 빼죽 내밀고 있었다.
놀이터이자 첫사랑을 묻어버린 뒷산,
아직 덜 익은 푸른 산딸기가
저절로 익어가는 곳이었다.

늦은 귀가

거실에 시계는 발뒤꿈치를 들고 조용하게 걷는다.
가로등이 더욱 큰 눈을 뜨고
아파트를 지키고 있을 때
굳게 닫힌 현관문은 열리지 않는다.
아들의 귀가를 기다리다
어머니는 잠이 들었다.
남편이 들어왔는지
아빠가 들어오셨는지
모르는 가족들은 단잠을 자고 있다.

새벽하늘에 붉은 별 하나,
어둠속에 묻힌 잠을 털어내기 시작하고
현관문은 길 잃은 나그네 하나를 토해낸다.
낮일과 밤일을 구분하라는
선잠에서 깬 어머니의 말씀이
몸속에 술을 해독하고 있다.
시계처럼 살금살금 걸어가는 남편의 걸음에서
잃어버린 길 하나가 뒤따르고 있다.

7월의 구름

7월의 하늘 파랗다.
파란 하늘에
옥수수 노란 속살 영글어가고
고추잠자리들 분주히 날아다닌다.

언제 회색빛 구름으로
낯짝을 바꿀지 모르는
저 불안한 무게들이
파란 캔버스 위에
솜사탕처럼 걸려있다.

어릴 적 시골에서 볼 수 있는
하얗고 동그란 뭉게구름들,
모래사장을 그대로 그려놓고
새들의 하얀 날개 깃털을 그려놓은,
7월의 구름은
길을 잃어버린
첫사랑의 발자국이다.

31번 버스

버스 시간표를 알고 있어야 하는,
집으로 가는 31번 버스
학교로 가려면 운암동에서 내려
10분쯤 걸어 1번 버스를 타야하고
너를 만나러 가려면 한번이면 충분했어
너와의 약속이 어긋나는 시간에도
언제나 31번 버스는 제 시간에 왔지

어느 비오는 날 저녁 무렵
집으로 가는 버스에서 쌍무지개를 봤어
하나는 왼쪽 차창 네가 사는 동네 쪽,
하나는 오른쪽 차창 내가 사는 마을 쪽에
네가 보고 싶다는 그 무지개를 혼자 봤어
우리의 시간들이 그러리라는 것을
무지개가 지고 난 뒤에
버스 안에서 보고 말았지
비는 여전히 유리창을 두드리고
첫사랑의 시간은 그때
31번 버스에서 내리지 못했어

분홍색 구두

구두는 늘 불편했다.
내 삶이 그러듯이

먼 고대로부터 여자들의 흰 발목은
굽 높은 구두에 의해 지배당하고
높이는 여자의 상징이 되었던 적이 있었다.
대부분의 여자와 다르게 두꺼운 발목은 가진 여자들은
신의 축복에서 거리가 멀었고
긴 치마로 자신의 발목을 감추거나
굽 낮은 신발로 자존심을 감추었다.

언니는 내 발목이 태어날 때부터 두꺼운 것이 아니라고 했고
시어머니는 처음 봤을 때부터 네 발목은 두꺼웠다고 말했지

초등학교 4학년 때 처음 엄마가 사 준
분홍색 구두가 생각이 나
흰 양말에 분홍색 구두는 반짝반짝 빛이 났어

오래 신기 위해 구두를 빨았던 그 시간이후로
구두는 내게 어울리지 않았어

높이를 포기할 줄 모르는 구두가
그들의 콧대만큼 오만한 소리를 내고
가냘픈 발목들이 고상한 속도로 또각또각 걸어가고 있어

구두는 늘 불편했다.
내 삶이 운동화를 선택한 그 순간부터

겨울이야기

　겨울은 동네 아이들의 함성소리로 시작된다.
첫 눈이 내리고 방학이 시작되면
전봇대에서 시작된 나이 먹기는
정오가 되기까지 계속된다.
나이 먹는다는 것이 뭘 의미하는지도 모른 채
놀이에 열중인 아이들, 햇살이 너무 늦게
찾아들어도 춥지 않고 빨갛게 달아오른 아이들의
얼굴에는 루돌프가 썰매를 타고 있었다.
점심을 먹고 시작된 재치기에는
작대기 부딪히는 소리와 함성소리로 요란했다.
겨울 햇살은 아이들의 뒤꽁무니를
꽉 깨물 채 달아나고 있었다.
　함박눈이 내리는 날이면 비닐포대를 하나씩 들고
　뒷산에 올랐다. 비닐포대는 아이들을 태우고 싱싱 잘도 달렸다.
　논두렁에 얼음이 두껍게 어는 날이면
　아버지가 만들어 놓으신 썰매로 달리기 시합을 하는 아이들,
　짧은 하루가 더욱 짧아 아쉬운 겨울 하루가

아이들의 함성소리로 저물고 있었다.
방학동안 숙제는 뒤로 미룬 채
겨울이 만들어준 놀이기구를 타고 신나게 놀았다.
아이들의 곤히 자는 소리에 겨울밤은 깊어가고
또 다시 밝아오는 아침,
겨울은 무채색 사진첩을 만들어 아이들의
밝고 환한 얼굴을 하나씩 찍고 있었다.
아이들의 함성소리가 금방이라도 터져 나올 것 같다.

흑백사진

햇살 조명 아래 잡아둔 풍경들과
다섯 개의 환한 저 얼굴들
짧은 머리에 분홍색 핀 하나 멋있게 하고
가난에 찌든 행색을 흑백으로 가린
다섯 개의 완두콩들 눈부시다.
아버지 술 마시고 들어온 저녁이면
초라한 밥상은 소 두 마리를 잃어버린
아버지의 마음처럼 뒤집혀지고
눈치 빠른 작은 언니는 큰 집으로 달려가
할머니를 모셔오곤 했던 그 때
어느 집에서나 흔히 볼 수 있는 장면들이
그림자처럼 드리워져 있는 한 장의 흑백사진
모처럼 고기반찬과 맛있는 아침을 먹은
아이들의 반짝 반짝 빛나는 얼굴들이
포동포동 잘 익은 살구 같고
활짝 피어난 호박꽃 같다.
아홉 살 내 어린 시절이
한 장의 흑백사진 속에서 활짝 웃고 있다.

|해설|

오후 6시의 산책로,
그 사소한 일상의 '감각 지도'
-고경자 시집 『하이에나의 식사법』

박 성 현
(시인, 문학평론가)

 한낮을 뜨겁게 달군 태양이 점차 대지로 내려앉을수록, 사물들은 적극적으로 자신의 모습을 드러내기 시작한다. 아주 잠깐이지만 황혼 무렵의 사물들은 무겁고 두껍게 스며드는 빛에 사로잡혀 낮 동안 감춰두었던 비밀스러운 이미지들을 꺼내는 것이다. 초록으로 뒤덮인 숲은 마치 유화물감을 덧칠한 것처럼 검은 녹색 뒤로 물러나면서 한꺼번에 그 깊은 내면을 드러내고, 바람은 숲의 가장자리에서 튀어나와 뜨겁고 깊은 숨을 몰아쉰다. 대기는 붉은 색으로 꽉 찬 채, 원시적인 침묵의 덩어리를 쏟아낸다. 모여 있던 사람들은 입술을 닫고 밤과 낮의 유일한 틈 속으로 흩어지며 제각각 집으로 향한다. 도처에서 폭발하고 분산되며 스멀거리는 이

빛의 무질서 속에서 사물들은 더 이상 스스로의 내부에서만 갇혀 있기를 거부한다. 블랑쇼가 말한 것처럼, "모든 사물들은 좀더 멀게, 그리고 동시에, 어떤 의미로는 좀더 진실되게, 자신을 드러"(「문학의 공간」)내는 것. 오후 6시는, 그러므로, 사물들이 전혀 다른 방식으로 깨어나는 시간이다.

오후 6시는, 또한 사물을 바라보는 우리의 감각을 더욱 구체적이고 명징하게 만드는 시간이기도 하다. 사람들은 사방에서 들이닥치는 냄새의 근원을 찾아내며, 사물과 사물들이 내는 소리의 정체를 알아차린다. 뿐만 아니다. 낮 동안 볼 수 없었던 것들의 형체를 발견하며, 그것의 기원과 방향을 쫓는다. 숲이 뿜어내는 냄새는, 썩어가는 나무들과 막 잎을 틔워낸 나무의 앳된 향은 물론 짐승들의 예민한 비린내와 섞여 한층 더 기묘해진다. 바람은 이 냄새들을 낱낱으로 해부해 수수께끼 같은 질문을 우리에게 던지는데, 잠시 박하향이 난 것은 제비꽃이 더욱 활짝 열렸기 때문이고, 물기가 가득한 흙냄새에서 잘 마른 잉크향이 난 것은 아무래도 송진이 터졌기 때문일 것이다. 거미가 집을 짓기 시작할 때의 미세한 움직임도 볼 수 있고, 나뭇잎이 서걱서걱 몸을 비비는 소리에서 방금 태어난 아기의 울음을 찾아내기도 한다. 이처럼 사물들이 깨어날 때, 우리들의 감각도 더욱 빠르고 투명하게 전환되는 것이다. 숲 전체는 바람과 함께, 대기를 흔들며 우리들을 서늘하게 만드는 바, 이때부터 시인은 분주하게 움직이기 시작한다. 이 감각이 발산하는 이미지를 민감하게 받아들이고 재구성하며, 가장 신선하면서도 오래된 '감각-지도'를 그린다. 이 감각-지도가 발현하는 온갖 언어들은 시인이 가진 예술-인식의 경계이며, 정신의 모체다.

사물들이 새롭게 깨어나는 오후 6시를 "노루 빛 가을 햇살이/바람에 쉬어가는 시간"(「가을, 오후 여섯 시」)으로, 또한 "젊고 싱싱한 초록의 시간이 지나고/관능의 시간이 붉은 색깔로 다가"(「사과」)오는 것으로 노래한 고경자 시인은 이 '감각-지도'를 만들고 운용하는데 있어 누구보다 탁월하다. 그는 사물들을 '있는 그대'로 불러내고 또한 숨겨졌으나 결코 마모되지 않은 그 기원과 역사를 들춰내면서 무궁무진한 이미지들을 탐색한다. 그의 언어가 사물의 감각 그 자체이며, 동시에 사물이 우리를 향해 휘발하는 운동-이미지들인 까닭이 여기에 있다.

'걷다'라는 육체의 동사가 만드는 이미지의 생생함

우리가 과거를 회상할 때, 순간적인 감각의 이동이 가능한 것은, 감각 자체에 이미 우리의 생생한 삶의 모습들이 촘촘히 박혀 있기 때문이다. 지도를 펼칠 때, 한 눈에 나타나는 수많은 지형과 지물의 압축(도상)들처럼, 우리의 육체는 감각을 한 권의 책으로 만들어 영원히 간직한다. 가령, 고경자 시인이 부침개의 '냄새'를 통해 어린 시절로 순간 이동을 하거나("해질 무렵이면 고동 잡는 재미에 흠뻑 빠져 있던 그 시절 지금도 비가 오는 날이면 누가 살고 있는지 모르는 그 집에 부침개 냄새가 날 것만 같다.", 「비가 오는 날이면」), 연인의 손이 만지는 '촉각'을 통해 사랑의 절정을 기억해내거나("당신은/세상에서 가장 부드러운 손으로/나를 만들었어/내 초경이 줄기를 타고/꽃 봉우리 속으로 들어가/내가 비로소 여자가 된 날,/나비는 팔랑대는 날개로 노래 불렀지", 「검은 영혼의 노래」), '맛'을 통해 상실의 그리움을 노래할 때도("어제는 진한 아메리카노였고/오늘은 달콤한 카라멜마끼야토 같은,/내일은 커튼 뒤 어둠속으로 숨어버리는,/이 밤이 가기 전에 잠든 나무의 그림자를 찾을 수 있을까", 「밤의 스케치」), '감각'은 '기억-그-자체'로써 약동하며 시인을 아주 내밀한 곳으로 데려간다.

그런데, 이 감각-지도는 어떻게 만들어지는가. 단순히 하나의 감각에 의존하는 자, 이를테면 시각에만 의존하는 자는 눈에 보이는 사물의 모양과 배치에 전적으로 의존할 수밖에 없기 때문에, 그때의 지도는 맛과 냄새를 표현할 수 없게 됨은 자명하다. 고경자 시인은 이를 해결하기 위해, 적극적으로 육체의 움직임을 활용한다. 더 정확히 말하자면, 시인은 인간이 대지와 호흡하는 가장 오래된 방식인 '걷다'라는 육체의 동사를 지도 작성의 정밀한 펜으로 사용한다.

앞서 말한 '오후 6시'의 이미지를 좀 더 자세히 살펴보

자. 시인은 '노루 빛'을 담은 가을 햇살의 신선함을 시각적으로 풀어내고 있지만, 바로 이어서 청각과 후각, 촉각을 동원하여 그 이미지를 '총체적'으로 그려낸다. "장터 사람들을 들뜬 목소리로 불러내고/전어 냄새와 대하 냄새를/제 자신의 냄새인양/마구 뿜어대고 있다./가을 냄새에 집으로 돌아가는/사람들의 발걸음 가볍다.//출렁일 듯 너울대는/천변의 얕은 물살에/잠시, 자신의 몸을 싣고/떠다니는 저녁노을이 눈부시다./바람에 숙일 듯 흩어지는/갈대들의 앙상한 뼈마디가/오래된 철교 위에서/금방이라도 부러질 것 같다."(「가을, 오후 여섯 시」)라는 문장에서 우리는 시인이 걸으면서 포착한 역동적이고 차갑고 매력적인 이미지들을 읽을 수 있지 않은가. 이처럼 '걷다'라는 동사는, 고경자 시인이 사물에 대한 감정이입을 즉각적이고 충실히 할 수 있도록 만드는 방법적 심급이다.

시인은 걷는다. 그가 걷는 장소는 도시에서 먼 숲이나 계곡이기도 하고, 사람들의 끈적끈적한 땀 냄새가 배어 있는 도시의 변두리나 골목이기도 하다. 그리고 걸어 다니다가 한곳에 머물러 그 공간의 밀도와 온도를 세밀하게 살핀다. 시인은 이 공간에서 발현되는 감각들을 포획하고 시작(詩作)으로 상승시키는 바, 우선 그는 '시장'이라는 장소의 특이성으로 향한다.

　　모든 문은

열리는 것을 기다리는 두 개의 화살표이다.
화살표는 남광주 시장 입구,
신호등처럼 마주 서 있다.

시장 이정표처럼 늘어선 빨간 고무 다라이들,
푸른 바다가 사람들 사이를 헤집고 들어와
할머니의 고무 다라이 속에 불시착해 있다.
꽃게만이 좁은 다라이에서 빠져 나오려고
뾰족한 집게로 사다리를 오르고 있다.

(중략)

사람들이 버린 생선 비린내 같은
삶의 화살표들이 언제라도 정지해 버릴 것 같은
도시의 밤을 지키기 위해
남광주시장 입구,
응급실처럼 잠들지 못하고 있다.
― 「날아간 두 개의 화살표로는」 전문

시인의 걸음이 향한 곳은, 광주에서도 손꼽히는 재래시장인 '남광주 시장'이다. "어떤 친구는 세상에 마음 부딪치는 날이면/양동시장에 간다고 했다"(「양동시장에서」)는데, 시인도 이 남광주 시장의 축축한 냄새들 속에서 말라버린 마음을 일으키려는 것일까.

시장 입구부터 무척 분주하다. 특히, 어시장으로 가는 길

목엔 물건을 흥정하는 사람들로 붐비고 있다. 남도 방언의 따뜻하면서도 활기차고 억센 억양이 분위기를 고조시키고 있는데, 바닥의 물기조차 특유의 신선한 비린내를 풍기며 타들어간다. 그런데, 이 소란스러운 풍경에서, 두 쪽으로 반듯하게 잘려진 사과처럼, 시장 길이 갈라져 있는 것이다. 시인은 순간 발걸음을 멈추고, 길의 양 옆에 마치 점멸하는 방향등처럼 붉은 등이 시장 안쪽의 낮은 조도 속으로 빨려가는 것을 본다. 그것의 정체는 바로, "시장 이정표처럼 늘어선 빨간 고무다라이들"이다. 무질서 속에서도 반듯하게 정렬된, 이 반짝이는 '두 개의 화살표'는 사람들을 불러 세우며 갈 방향을 인도한다. 이때 시인은 '화살표'라는 진하고 굵은 선의 이미지를 발견한 것으로, "열리는 것을 기다리는" '문'으로 표상하며 시장의 매혹적인 욕망을 적시한다. 뿐만 아니다. 시인은 생선을 파는 할머니들의 굵은 주름에서 "푸른 바다가 사람들 사이를 헤집고 들어와/할머니의 고무 다라이 속에 불시착해 있"는 역동적 장면도 포착한다. "꽃게만이 좁은 다라이에서 빠져 나오려고/뽀족한 집게로 사다리를 오르"는 시장에서만 그려낼 수 있는 이미지들 말이다.

시장에는 수많은 사람들이 뿜어내는 악착같은 삶의 냄새들이 있다. "오래전 시장 좌판에서/궤짝으로 조기를 팔던 차갑던 손"(「바닥」)과 같이 때로는 열정적이고 생생하며 때로는 불안하고 신경질적인 표정이 한 여름의 폭풍처럼 휘몰

아치는 것이다. 하지만, 시인은 활어와 같은 생동감 넘치는 모습 이면에 담긴 불안과 공포도 읽어낸다. '시장'이란 "무성한 기적들이 시장에서 값싼 가격에 거래되"(「오래된 기억들」)는 이율배반적인 곳이기도 하므로, 팽팽한 삶의 긴장만큼이나 음습한 '어둠'도 있기 마련이다. 시인은 표현한 "사람들이 버린 생선 비린내 같은/삶의 화살표"란, 어쩌면 할머니들이 이력만큼이나 낡은 '다라이'의 또 다른 표상일지 모른다. 게다가 "언제라도 정지해 버릴 것 같은" 시간의 저편을 상징하기 때문에 시장은 소멸 혹은 죽음이라는 공포의 공간이기도 하다. 여기서 시인은 '응급실'이라는 매우 적절한 시어를 쓰는 바(응급실이란 삶과 죽음이 외줄타기 하는 곳이다), '두 개의 화살표'와 맞물리면서 하나는 삶으로, 다른 하나는 죽음으로 대비한다.

  '걷다'라는 동사가 매개하고 만들어내는 이미지는 무척 구체적이고 생생하며, 다양하다. 그는 걸음의 속도를 조절하면서 사물의 기울기와 그 온도를 읽어내는데, 때로는 멈춰 서서 그것의 촉감을 느끼고 냄새도 맡을 수 있다. 마치, 카메라가 이동하면서 만들어낸 듯한 한편의 영상이 언어 속에 녹아든 것이다. 그만큼 몰입의 강도는 세다.

    구름다리 끝, 횡단보도 시작점인
    인도에 인맥 구두세탁소 있다.
    화석 같은 낡은 발자국을 들여다보며

> 구두에 관한 모든 것을 수선해주는,
> 아침 9시면 어김없이 아저씨의
> 문 여는 소리로 시작하는 하루가 있다.
> 그 옆에 소문난 튀김집 있다.
> 아침 9시면 아저씨는 불편한 몸으로
> 몸이 덜 불편한 아주머니보다
> 먼저 나와 장사준비를 하는,
> 이 동네에서는 제일 맛있는 튀김집,
> 뒤늦게 나온 아주머니의 기름 달구는 소리로
> 시작하는 하루가 있다.
> ―「인맥 구두세탁소와 소문난 튀김집」 부분

시인은 '구름다리'를 건너고, 그 끝의 '횡단보도 시작점'의 인도에 있는 '인맥 구두세탁소'까지 걸어간다. 아침이라 출근하는 사람들로 분주하지만, 잠시 걸음을 멈추고 사정을 살피는 것도 나쁘지 않다. 왜냐하면, 시작할 때의 풍경만큼 그곳이 어떤 곳임을 잘 말해주는 것은 없기 때문이다. 그는 정지한 카메라처럼 "구두에 관한 모든 것을 수선해주는" 구두세탁소를 들여다보기 시작한다. "화석 같은 낡은 발자국들을 들여다보"기 위한 도구가 가지런히 정돈되어 있다. 아직 잠에서 덜 깬듯 하지만, 문을 여는 아저씨의 손길이 닿으면 거짓말처럼 눈을 뜰 것이다.

'인맥 구두세탁소를 보다가, 시인은 자연스럽게 다른 상점으로 눈을 돌린다. '소문난 튀김집'이다. 늘 먹던 음식이라 기름 냄새가 밴 튀김집의 내부는 눈에 밟힐 듯하다. 몇 개의 탁자가 있고, 황갈색 레자로 덮인 의자도 있다. 플라스틱 액자로 만든 메뉴판 옆에는 달콤한 여름 풍경을 담은 달력도 있다. 아마 이 달력에는 주문 내역이 드문드문 적혀 있을 것이다. 시인은 튀김집을 보면서 "몸이 덜 불편한 아주머니보다" 먼저 나와 장사준비를 하는 '불편한 몸'의 아저씨를 본다. 그의 이마를 타고 흐르는 땀으로 미뤄, 이미 튀김 기계에 기름이 끓고 있을 것이다. 시인은 '인맥 구두세탁소'와 '소문난 튀김집'을 번갈아 보면서 이 뚜렷한 삶의 구체(具體)들이 자신의 신발에 오롯이 박혀 있음을 생각하는 것이다. 이것은 그가 폐지 줍는 할머니의 남루하지만 억센 삶의 의지를 "민달팽이 한 마리, 도로 중앙선에서/허름한 집 옮기려고 느릿느릿 기어가고 있다"(「민달팽이, 할머니」)로 표상한 것과 상통한다. 시인이 본 삶의 모습들은 그 어떤 언어적 상징보다 더 '상징적'이다.

하지만 시인은, 현실의 풍경이 삶의 밝은 면만 담지 않음을 잘 알고 있다. 그는 걷고 또 걸으며, "평온한 일상과 맞닿아 있는/유리의 뒷면, 햇볕을 잃어버린/나무의 그늘 같은 것"(「늘 푸른 하우스」)을 보기도 한다. 그것은 아침 출근길에 간간히 등장하는 구급차의 서슬 퍼런 '황색등'과 같은 것으로, "오래된 아파트는 D등급 안전진단을 받고/빈 집들 늘어가고 있"는 아파트의 을씨년스러운 풍경을 더 불편하게 만드는 "가로등마저 편히 잠들지 못해 낡은 빛 치켜세우고/한 쪽 귀 열어둔 채 쪽잠을 자는 경비아저씨"(「영화아파트」)이고, "재개발 지역 도장이 찍힌 그날부터" "봄바람에도 오소소 몸을" 떠는 '골목길'(「골목길」)이다. 또한 "겨울 내내 보일러를 튼 흔적이 없는지 냉골"에서 "자식들 타지에 보내고 혼자사시는 산수동 할머니"나 "온기 한 점 없는 차가운 시멘트 바닥에/얇은 신문지 이불삼아 깔고 덮은/대합실 반백의 아저씨", "맨 몸으로 겨울 된바람을 맞고 있"는 저 '집 없는 형편들'(「겨울나기」)도 이 "햇볕을 잃어버린/나무의 그늘"에 속한다. "낡은 달의 오래된 기억들처럼/끝이 없을 것 같은 이야기들"(「비」)에 내재한 슬프고 고단한 얼굴 같은.

'얼굴-기관의 없음' 혹은 붕괴되는 시간의 온도

고경자 시인이 만드는 이 '감각-지도'는, '걷다'라는 육체적 동사를 활용하여 '사물-풍경'의 생생함을 담아내고 있지만, 시인이 살아가면서 겪은 아주 사소한 일상 또한 적극적으로 축조하고 있다는 점도 주목해야 한다. 요컨대, 그는 여성-주체로서의 세밀하고 섬세한 감각을 통해, 자칫 간과하기 쉬운 생활세계의 모습들을 '시'라는 예술적 상징물로 형상한다는 것이다.

무엇보다 그의 언어는 내면으로 침윤하는 시간의 무상과

그 침묵(부재)으로 향한다. 이를 테면, "연초록의 푸른 잎과//연분홍의 꽃잎들이//서로를 바라보는 짧은 한 때//화려한 벚꽃지고//잎으로 살아가는 많은 날들//불혹을 방금 넘어온 여자는//두 개의 동그라미 속에서 //접었던 날개 활짝 펼쳐본다."(「불혹이 지나고」)라고 노래함으로써, 불혹을 지난 여성의 쓸쓸한 아침을 그리고 있으며, "사소한 것들이 마음을 툭 건드린다.//숨겨있던 날개들이 후두두 떨어지고//노오란 잎 속에 가려졌던 삶의 무게들이//사진 속에서 빛을 잃어간다.//내려놓지 못한 욕심들이 갈대처럼 일어서고//가을의 울음이 시간을 멈추게 하면//절정을 끝낸 단풍들처럼//내 시간 속으로 떨어져 내린다."(「울컥」)라고 노래함으로써, '절정을 끝낸 단풍'을 통해 삶의 우수와 회환을 묘사하는 것.

그런데, 시인에게 이 시간의 멜랑콜리는 '부재'(혹은 지워짐)라는 아주 낯설고 이질적인 감정으로 전이되고 있다. 고경자 시인의 두 번째 시작 태도이기도 한 이 부재-의식에서 그는 '늙어감'이라는 인간의 어쩔 수 없는 숙명을 표상하는 것이다. 이때 '부재'란 '허기'의 또 다른 표현으로, "밤을 낮처럼 살았던 뒷걸음질 속에서/몸은 시간을 자꾸 잊어갔다./지난 시간을 살아온 삶의 무게는/늘 허기로 되돌아오곤 했다."(「허기」)는 두꺼운 슬픔의 덩어리이기도 하다.

얼굴이 하나씩 지워져 간다. 어느 날은 눈이 투명하게 보여

아예 사라질 것 같고 코는 한없이 주저앉아 그대로 납작해 질
것 같다. 입은 주절대다 날개를 달아 날아갈 것 같다. 수분이
증발해 버린 냉장고 속 사과처럼 주름진 얼굴이 하나씩 지워
져가고 있다.
—「마흔을 넘다」 부분

 '마흔'은 사람의 얼굴이 완성되는 나이이면서도, 역설적이게도 얼굴의 기관들이 조금씩 허물어져 표정마저 일그러지기 시작하는 나이다. '기관-의-없음(혹은 사라짐)'이라는 초유의 상황에서, 거울 속의 얼굴은 우리의 어떤 부재를 반영하는 것일까. 또한 '얼굴'이 얼굴 뒤로 숨으며 오로지 과거-이미지 속으로 은둔할 때, 과연 그의 얼굴은 누구의 것일까.
 어느 날 아침, 마흔을 훌쩍 넘겨버린 화자는 거울을 보고 소스라치게 놀란다. 습관적으로 그 자리에 있으리라고 믿었던 기관들이 사라져버렸다는 기묘한 환상에 사로잡혔기 때문이다. 그는 "눈이 투명하게 보여 아예 사라질 것 같"은 기분이 들고, 코도 "한없이 주저앉아 그대로 납작해 질 것"만 같다. '입' 또한 마찬가지다. 그는 거울을 보면서, 백지처럼 표백된 얼굴을 보고야 마는데, 눈을 감아도 현기증이 날 뿐이다. 그가 그런 감정에 사로잡히는 이유는 시간이 흘러갈수록, 수취인불명의 엽서와도 같은 텅 빈 공허를 느끼기 때문이다. 그에게 '얼굴'이란 존재의 확신을 가져다주는 표징

이기를 멈춘, "수분이 증발해버린 냉장고 속 사과처럼" 우두커니 어깨 위에 매달린 사물화된 부재를 상징한다. "소리들이 방향을 잃고 사라"(「난청」)지는 아이러니, 혹은 "그의 깊은 잠속에서도 숨 가쁘게 달려온 심장"이 "과부하 걸린 자동차 엔진처럼 딱 멈춰버"(「세 개의 고리」)린 충격―. 이 '기관의 없음'이라는 상상의 고통은 그의 육체 속에 내재해 있으나 점차 사라지는 시간의 음영과 태어난 곳으로 회귀하려는 본원적인 인간의 욕망을 투사한다. 그러므로 인간의 몸 중에서 가장 더디게 붕괴되는 '치아'조차 늙어가고 있다는 표현이 공감을 일으키는 것은 전혀 낯설지 않은 것이다.

> 치아는 늙어가고 있지
> 한 평생 거친 흙과 잡초, 돌멩이로
> 허리를 잃어버린 호미처럼
> 맞벌이하는 아들을 위해
> 시골에 버려둔 집처럼
>
> 모두 잠들어 있는 시간,
> 치아는 자신의 시간을 생각하고 있지
> 오래된 동굴에서 석주처럼
> 석순처럼 자라나 닳아가고 있는
> 자신의 시간을,
> 그 너머에 있는 시간을

치아는
아주 오래전 사과를 배어먹은
유혹의 달콤함을 기억하고 있어
절대 버릴 수 없는 본능이지
유전자의 굴렁쇠가 시간의 인공위성을 타고
자신의 본능을 아주 깊숙한 곳에 숨겨두지
유혹에 얼마나 약한지를
　　　—「이브의 유혹」전문

　불행하지만, '치아'조차 늙어간다. 시간의 직립은 어느 누구도 돌이킬 수 없기 때문에, 우리는 '단지' 그것을 지켜볼 뿐이다. 이것은 시인이 얼굴이 사라진다는 상상 속에서 고통 받는 이유이기도 하는데, 이때 시간은 상실이라는 고립과 단절을 우리에게 선사하며, 우리로 하여금 시간을 위반하고자 하는 실현 불가능한 욕망을 작동시킨다.
　치아는 늙어간다. "한 평생 거친 흙과 잡초, 돌멩이로 허리를 잃어버린 호미처럼" 고된 노동을 하면서 점차 마모된다. 치아는 늙어간다. "맞벌이하는 아들을 위해/시골에 버려둔 집처럼" 노년에도 쓸쓸히, 자신의 육체를 버린다. 치아는, 그렇게 늙어간다. "모두 잠들어 있는 시간"에도 그는 자유를 속박당한 채 맹목적인 환상만 쫓는다. 하지만 치아는 늙어가면서도 "아주 오래전 사과를 배어먹은/유혹의 달콤함을 기억"한다. 그 좌절된 시간-이미지는 "오래된 동굴의 석주처럼/석순처럼 자라나 닳아가고 있는" 것으로, 현실로부터 추방된 그에게 절대적인 힘을 갖는다. 그것은 "절대 버릴 수 없는 본능"이며, 본래의 자신으로부터 위반되면 될수록 더욱 선명하게 부각된다. 우리의 상상이 "암각화처럼 숨겨져 있"(「커다란 철가방을 타다」)는 '커다란 철가방'처럼, 시간의 부식 속에서도 오히려 또렷한.

그럼에도 시인은 "비어있는 혈관 속에 붉은 혈액처럼"(「자동문」) 타들어가는 이 붕괴를 자신의 것으로 인정한다. "말이 사라질까 두려워 여자는 희미하게 웃었고/남자는 여자의 미소를 떨어뜨리지 않으려고 품속에 넣"(「그들의 행복」)은 것처럼, 혹은 "떠날 때 비로소 완성되는 한 폭의 유채화,/소리 없이 쌓이는 새벽 함박눈"(「떠나는 혹은 떠나보낸」)처럼, 그는 소박하지만 분명하게 선언하는 것이다; "서투른 내 사색의 끝자락에서,/내 심장을 다시 뛰게 할 누군가를 사랑하고/내 심장을 차갑게 할 누군가를 잊기로 한다."(「또 하나의 계절」).

고경자 시인의 이 이중적 태도는 시간에 저항하는 인간의 본능이다. 여기서 그는 유년으로의 회귀라는 보편적이지만 특수한 욕망을 작동시키며 그 가능성을 모색한다. 미리 말하지만, 이것은 좌절될 수밖에 없는 꿈이다.

'유년으로의 회귀'를 통한 존재의 다시 살기

이제 고경자 시인의 '감각-지도'는 자신의 유년으로 향한다. 가속되는 시간의 붕괴와 얼굴이 사라지고 있다는 상상의 고통, 그리고 현실의 남루가 시인을 옥죄일수록 유년을 욕망하는 시인의 태도는 더욱 진지해진다. 그는 "오래된 습관에 익숙한 몸을 바꾸는 것은/어릴 적 내 호흡을 다시 찾는 일"(「플루트, 들리지 않던 그녀의 목소리」)이라며 이 유년-회기를 정당화하는데, 이것은 "마당에서 말을 잃어버린 감나무가/바람에 까르르 웃음을 터트"(「푸른색 대문」)리는 것처럼 막힌 울혈을 푸는 일이다. 요컨대, "어제 저녁 시작된 통증 때문에/잠들지 못한 채"(「눈 내리는 새벽」) 새벽을 맞이하거나, '지난밤의 배고픔' 때문에 어쩔 수 없이 잠에서 깰 때도'(「하이에나의 식사법」), 또한 '수술대'라는 '직사각형의 섬'에서 누워 있는 것 말고는 전혀 할 수 있는 일이 없음을 깨달을 때(「슬몃슬몃 상처들」) '유년-회귀'를 향한 시인의 욕망은 더욱 강하게 작동하는 것이다.

한 가지 특이한 사실은, 지금까지 살펴본 시인의 시작 태도나 이미지 운용방식이 생래적이라는 점이다. 시인은 "내 슬픔은 아주 오래전, 태어난 순간부터 내 몸속에서 자라고 있었"(「슬픔의 시작」)다고 고백한다. 얼굴이 사라지는 상상의 고통도 어쩌면 이 시절부터 몸속에서 뿌리 내리고, 사물을 총체적으로 감각하는 직관도 이미 온전한 형태를 갖추기 시작했는지 모른다. 따라서 시인이 유년으로 회귀하려는 충동은, "오래전 찾지 못한 보물들"(「뒷산」)처럼 자신의 기원

을 찾는 것이며 동시에 더 큰 미래를 위한 유연하고 치열한 사색의 도정이다,

> 그때는 어느 집에서나 소 두 마리쯤 길렀지
> 소 값이 내리는 벚꽃처럼 와락 떨어지기 전까지는
> 울 아버지도 정성스레 키웠어
>
> 농번기가 끝난 들에 잘 마른 짚들로
> 하루 세 번 먹이를 챙겨주던 아버지가
> 하루 세 끼 술로 끼니를 때우셨다.
> 아버지의 희망을 잊게 했고
> 좌절을 술처럼 마시던 그 때,
> 아버지는 동네 아저씨들과 타지로
> 일하러 가신다고 훌쩍 떠나셨다.
> 그때부터 아버지의 객지 생활이 시작되었다.
> 가끔씩 아버지가 우리를 기억하고 있는 지 궁금했고
> 엄마는 아버지의 몫만큼 더 열심히 일하셨다.
> 아버지의 소식은 이웃집 아저씨에게서
> 가끔씩 들을 수 있었다.
> 막내아들인 아버지의 삶은 달력 위에 적어 논
> 짧은 시처럼 이해하기 어려웠다.
> 모든 삶이 궁핍하고 어려운 그때에는
> 아버지, 그 이름에 기대어
> 가냘픈 날개를 움츠리던 때가 있었다.
> ―「아버지」 전문

한 사람이 자신의 유년을 회상하는 것은, 그 '유년'을 다시 사는 일이다. 고경자 시인도 마찬가지. 그는 이 과정을 통해 자신에게 각인된, 예민하고 부끄러운 기억을 끄집어내고, 그 시간에 묻은 흔적과 냄새를 새롭게 옮겨 적는다. "낡은 혹은 오래된 담장의 글씨들이/자신의 미래를 확인하기 위해 뚜벅뚜벅 걸어가고 있"(「낡은 지붕 이야기」)는, 그 긍정의 힘처럼 시인은 '미완성'의 시간을 다시 살아감으로써 현실의 긴장을 이겨내고자 하는 것이다. 여기서 시인은, 무엇보다 '집'이라는 가장 내밀한 장소로 회귀하고, '아버지'를 만나며, 그의 눈동자에 비친 자신의 유년을 담담히 쓴다.
 "골목길 오른쪽에는 작은 우물이 있고/우물 옆에는 그 동네에서/제일 맛있는 감이 열리는 나무가 있"(「겨울아침」)는 집에서 가족들은 분주하다. 당시에는 흔한 농촌의 궁핍한 풍경이라지만, 무럭무럭 자라 가계의 든든한 버팀목이 될 소를 키우는 아버지는 그 누구보다도 행복한 표정이다. 바쁜 농사일에도 아버지는 소에게 "농번기가 끝난 들에 잘 마른 짚들로/하루 세 번 먹이를 챙겨" 주었기 때문. 이 검고 강마른 손이 정성스럽게 등잔을 쓰다듬는 동안 가족들은 제각각 자신의 생각—"초등학교 4학년 때 처음 엄마가 사준/분홍색 구두"(「분홍색 구두」)나 "아버지가 만들어 놓으신 썰매로 달리기 시합을 하는 아이들"(「겨울이야기」)과 같은—에 골몰했을 것이다. 그러나, '내리는 벚꽃처럼' 소 값이 와락 떨어지고 말았을 때, 가족의 불행이 시작된다.

아버지는 "하루 세 끼 술로 끼니를 때우"실 정도로 현실 감각을 상실한다. "색깔이 있거나 무채색의,/낡은 지붕에 부딪히는,/뚫어버릴 듯 내리는 빗소리"(「낡은 지붕 이야기」) 처럼 말이다. "아버지 술 마시고 들어온 저녁이면/초라한 밥상은 소 두 마리를 잃어버린/아버지의 마음처럼 뒤집혀지고/눈치 빠른 작은 언니는 큰 집으로 달려가/할머니를 모셔오곤 했"(「흑백사진」)던, 그리고 "불어버린 국수 가락처럼 늘어진 혼잣말과/본질을 잃어버린 남자는/불안한 저녁을 빈 소주병 속에 집어넣는"(「집 밖의 남자」)던 그 위태위태한 모습 속에서 시인은, 점점 피폐해져가는 아버지와 "아버지의 몫만큼 더 열심히 일"해야 하는 어머니에 대한 안쓰러움, 몰락하는 가계를 향한 불안, 그리고 이 현실을 조금이라도 일으켜 세울 힘조차 없는 자신에 대한 분노로 하루하루를 살았을 것이다.

그 무렵, 아버지는 "동네 아저씨들과 타지로/일하러 가신다고 훌쩍 떠나"버렸다. 예기지 않게, 아버지의 부재가 시작된 것이다. 시인은 "가끔씩 아버지가 우리를 기억하고 있는지 궁금했다"고 고백할 만큼, 그의 소식은 이웃집을 통해서만 아주 가끔씩 듣는다. 이해할 수 없는 노릇이다. "아버지의 삶은 달력 위에 적어 논/짧은 시처럼 이해하기 어려웠"던 것이다. "모든 삶이 궁핍하고 어려운" 유년 시절의 아버지의 부재는 "아버지, 그 이름에 기대어/가냘픈 날개를 움츠리던 때가 있었다."고 회상할 정도 '죽음'의 공포만큼이나 견디기 힘든 고통이었다. 하지만, 아버지의 부재는 오히려 시인의 삶에 아버지의 존재를 각인시키는 역설적인 결과를 가져왔다. "일 년 세 계절은 객지 생활로/얼굴을 볼 수 없던 아버지가"(「겨울아침」) 집으로 돌아오신 날의 모습을 떠올리며 '새햐얀 눈사람', 곧 백지의 순수함으로 형상한다. 시인은 유년을 다시 삶으로써 '아버지의 부재'를 '존재의 적극적인 솟아오름'으로 변형시킨 것이다.

시인이 겪었던 유년의 특이함은 분명 그로 하여금 세상을 받아들이는 '눈'과 '생각'에 영향을 미쳤고, 특히 감각을 운용하는 방식과 그 결과로서의 '지도' 제작에도 심급으로써 작동했다. 적어도 유년의 핵을 직시하고 그것을 다시 살아냄으로써 그의 미래는 '예술'이라는 직관의 세계를 창발한 것이다.

하지만 여전히 문제는 남는다. '유년으로의 회귀'는 '시간의 직립'에 저항하는 방법 중의 하나이지만, 유년의 그 시간이 이미 사라지고 없다는 측면에서 '좌절된 꿈'이기도 하다. 그럼에도 불구하고 시인은 "절벽처럼 가파른 나뭇가지 끝,/창백한 낮달만 서성거리고 있"(「노란 울음들」)는 참혹한 현실을 딛고서기 위해 "집시의 피가 내 안을 흔들어대고/익숙해져버린 나를 꺼내놓고 떠나야한다."(「축제의 밤」)는 점을 분명히 한다. 비록 좌절된 꿈이지만, 시인 자신을 형상한 "밤마다 총총 떴다지는 별의 뒷모습"(「시」)은 영원할 것이기 때문이다.

고경자 시집

하이에나의 식사법

2015년 10월 20일 인쇄
2015년 10월 30일 발행

지은이 | 고 경 자
펴낸이 | 강 경 호
인쇄 · 기획 | 도서출판 시와사람
등록 | 1994년 6월 10일 제 05-01-0155호
주소 | 광주시 동구 백서로 125번길 32-5(금동)
전화 | (062)224-5319
팩스 | (062)225-5319
E-mail | jcapoet@hanmail.net

ISBN978-89-5665-437-9 03810

값 10,000원

· 이 책은 한국문화예술위원회 · 광주문화재단의 문예진흥기금 일부를 지원받아 발간되었습니다.
· 지은이와의 협의로 인지를 붙이지 않습니다.
· 잘못된 책은 바꾸어 드립니다.

공급처 ■ 한국출판협동조합

경기도 파주시 탄현면 오금로 30
주문전화 (02)716-5616, 070-7119-1740